Animaux « déco » en carton

Claude Jeantet

Dessain et Tolra

CLAUDE JEANTET
ENCADREMENTS

Avant-propos

Le carton ondulé est devenu un support incontestable de la créativité. Au-delà de l'intérêt environnemental que présente le recyclage de ce matériau, il recèle des qualités esthétiques insoupçonnées.

Le carton ondulé est séduisant par son élégance discrète, elle-même rythmée par les motifs souples et réguliers de ses cannelures. Sa texture est douce, ses teintes chaleureuses et subtiles.

C'est un matériau idéal pour inventer des formes et créer des effets plastiques : il est léger et résistant, il se plie, se courbe, s'enroule et s'entortille.

Dans cet ouvrage, il est mis au service d'un bestiaire poétique et humoristique.

Sommaire

LES MESURES
Elles sont toujours exprimées en centimètres.
Par exemple :
carton 0,6 : 180 x 60 =
carton de 0,6 cm d'épaisseur,
format : 180 cm x 60 cm.

- **Le carton souple** est un carton ondulé simple cannelure, souple, avec une face lisse et une face ondulée.
- **Le micro** noir, kraft, blanc ou bleu est un carton ondulé microcannelure, souple, de différentes teintes, avec une face lisse et une face ondulée.

Les cartons et le matériel

Tous les animaux de cet ouvrage sont fabriqués à partir de cartons ondulés bruts ou teintés dans la masse, et parfois décorés de cartons microcannelure colorés.

- **Le carton 0,6** est un carton ondulé double cannelure, rigide, de 0,6 cm d'épaisseur, avec deux faces lisses.
- **Le carton 0,3** est un carton ondulé simple cannelure, rigide, de 0,3 cm d'épaisseur, avec deux faces lisses.
- **Le carton 0,1** est un carton ondulé simple cannelure, rigide, de 0,1 cm d'épaisseur, avec deux faces lisses.

- **Le matériel indispensable** : un crayon, une gomme, une règle en métal, une équerre, un compas, du papier-calque, un petit cutter, une paire de ciseaux, une pince à épiler, une perforeuse, un poinçon, un cure-dents, de la colle vinylique, du ruban adhésif.

Carton 0,3 ou 0,1
Carton 0,6
Carton souple
Micro

LES GABARITS

Attention, ils ne sont pas tous représentés à grandeur réelle. Pour les gabarits à agrandir, utilisez une photocopieuse ou du papier millimétré.

La réalisation

Des gestes techniques simples qui permettront de recréer le bestiaire de cet ouvrage.

La découpe

1 • **Les dessins** doivent être décalqués et reproduits directement sur le carton au crayon avant d'être découpés. Toutes les figures géométriques citées (rectangles, carrés, ronds...) sont accompagnées de leurs dimensions en centimètres.

• **Les bandes et baguettes** sont toujours à tracer perpendiculairement au sens des cannelures.

2

• **Le découpage** se fait essentiellement avec le cutter, à l'aide de la règle de métal pour les lignes droites. Afin d'obtenir la découpe la plus nette possible, il est nécessaire de changer de lame fréquemment.

• **Le carton 0,6**, très souvent utilisé, est aussi le plus difficile à découper, particulièrement quand il s'agit de motifs courbes. Il faut commencer par entailler doucement avec le cutter le tracé du motif pour créer un chemin qui conduira la lame. Puis, à plusieurs reprises, dans ce chemin, entailler le carton jusqu'à la découpe complète. Pendant cette opération, la lame doit être largement sortie afin de lui donner une plus grande souplesse, et maintenue bien perpendiculairement à l'épaisseur du carton pour éviter de créer un biais.

• **Plus le motif est courbe et petit**, plus ces conseils sont indispensables. Il est important de ne pas placer sur la trajectoire de la lame, la main qui ne la tient pas, afin de se protéger d'éventuelles coupures.

• **Le carton souple** se découpe sur la face cannelée, avec la lame du cutter largement sortie.

• **Le carton micro** peut se découper avec le cutter ou avec la paire de ciseaux.

Les finitions

3

• **Le collage** se fait avec de la colle vinylique qui disparaît au séchage. Pour maintenir un assemblage pendant le séchage, il est recommandé de l'épingler. Pour surélever un élément, il suffit de coller en dessous un petit morceau de carton en guise de cale.

4

• **Les décorations** sur la plupart des animaux sont créées à base de spirales, de cônes, de cylindres et de confettis.
• **Une spirale** se fabrique à partir d'une bande de carton souple ou de micro, enroulée serrée autour d'un cure-dents, cannelures vers l'extérieur. Elle est collée seulement à son extrémité.
• **Un cône** est une spirale que l'on transforme en volume en poussant très doucement son centre. Pour fixer ce volume, on en nappe de colle l'intérieur.
• **Un cylindre** se fabrique en créant une spirale avec un rectangle de carton.
• **Les confettis** sont de petits ronds découpés avec la perforeuse.

Utilitaires déco

FOURNITURES

- Carton souple : 39 x 4
- Micro kraft : 30 x 22
- Micro noir : 10 x 10
- Micro blanc : 5 x 5
- Carton 0,6 : 10 x 10

1

• **La boîte souris** : fabriquez une spirale avec une bande (38 x 1) de carton souple.
Découpez un rectangle (3 x 15) de micro kraft et collez-le autour de la spirale, cannelures vers l'extérieur. Découpez un rond (ø 4,5) de micro kraft, collez-le au fond de la boîte.
• **Le couvercle** est à fabriquer sur le même principe que la boîte, mais de taille légèrement supérieure : bande (39 x 0,5), rectangle (1,5 x 16).
Garnissez le haut du couvercle d'un rond de micro kraft.

La souris et la tortue

Des boîtes originales pour conserver les dents de lait...

2

• **La tête** : dessinez et découpez deux oreilles de micro kraft (A). Pliez et collez-les en haut du couvercle.
• **Fabriquez** un cône pour le museau avec une bande (0,5 x 30) de micro kraft.
• **Fabriquez** un petit cône pour le nez avec une bande de micro noir. Collez le nez sur le museau, et le tout sur le couvercle.
• **Découpez** et collez des minibandes de micro noir pour les moustaches, deux rectangles de micro blanc pour les dents, deux confettis noirs pour les yeux.

3

• **La boîte tortue** et son couvercle sont à fabriquer sur le même principe que celui de la boîte souris.

4

• **La tête** : découpez deux rectangles (2,7 x 1,7) de carton 0,6. Collez-les ensemble puis coupez-les en biais (schéma 1). Collez deux confettis noirs pour les yeux, deux points noirs pour les narines, une fine bande noire pour la bouche. Collez la tête sur la boîte (schéma 2).

5

• **Les pattes et la queue** : dessinez et découpez dans le carton 0,6 deux pattes avant (B), deux pattes arrière (B'), et la queue (C). Collez-les avec la boîte (schéma 3).
• **Dessinez** et découpez des écailles dans du micro kraft et collez-les sur le couvercle (schéma 3).

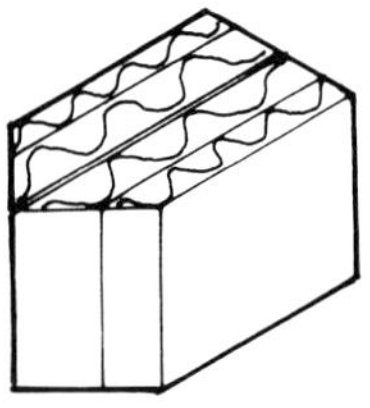

schéma 1

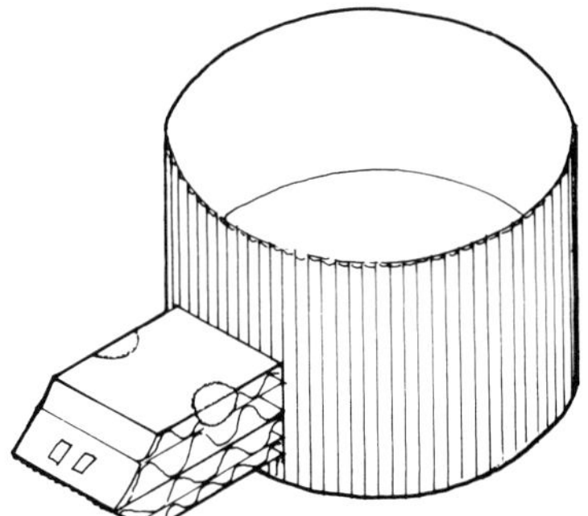

schéma 2

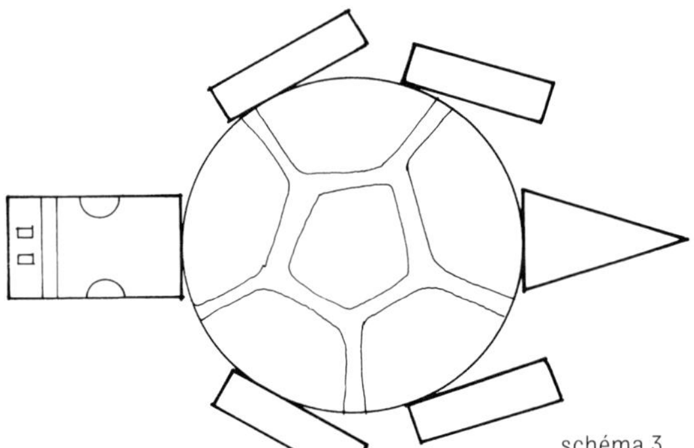

schéma 3

Souris et tortue — Gabarits à grandeur réelle

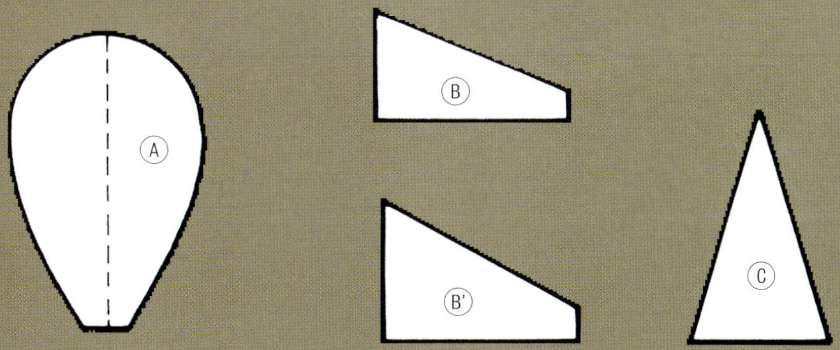

Le loup

Un plumier très décoratif
qui trouvera sa place sur le bureau...

FOURNITURES

- Carton 0,6 : 30 x 30
- Carton 0,3 : 5 x 5
- Carton souple
- Papier blanc épais : 11 x 3
- Micro kraft : 5 x 5
- Micro noir : 30 x 30
- Micro blanc : 5 x 10

Le corps

1

- **Le corps-boîte** : découpez quatre rectangles de carton 0,6 (la base : 18 x 6, les grands côtés : 18 x 4, le petit côté : 6 x 4). Collez le petit et les grands côtés avec la base.
- **Garnissez** les faces intérieures des grands côtés de 2 rectangles (4 cannelures) de carton souple (schéma 1).

2

- **Le dos-couvercle** : dessinez et découpez deux fois la queue de micro noir (A). Collez-les ensemble. Découpez et collez ensemble deux rectangles (18 x 5,8) de micro noir. Encochez et collez la queue au milieu d'un petit côté des rectangles. Glissez le couvercle dans le creux de la dernière cannelure (schéma 2).
- **Fermez** la boîte en collant un rectangle de micro noir à l'arrière du corps sous la queue.

3

- **Les pattes** : dessinez et découpez une paire de pattes avant (B) et une de pattes arrière (C) dans du carton 0,6. Recouvrez une face de chaque patte de micro noir. Collez les quatre pattes avec le corps en vous assurant de l'aplomb de l'assemblage (schéma 3).

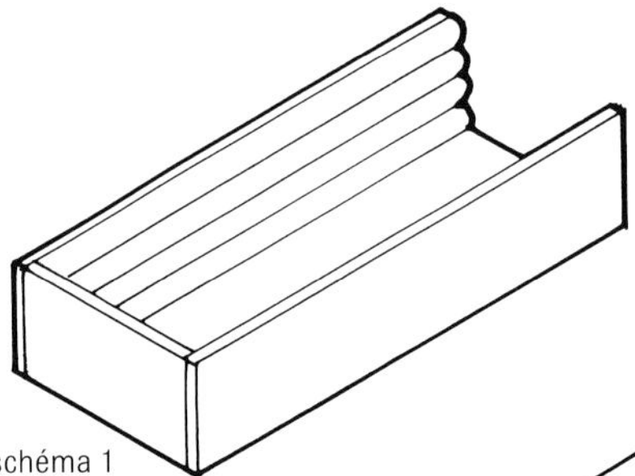

schéma 1

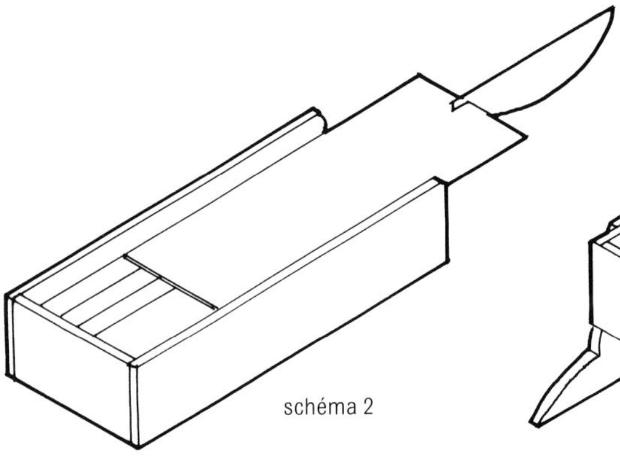

schéma 2

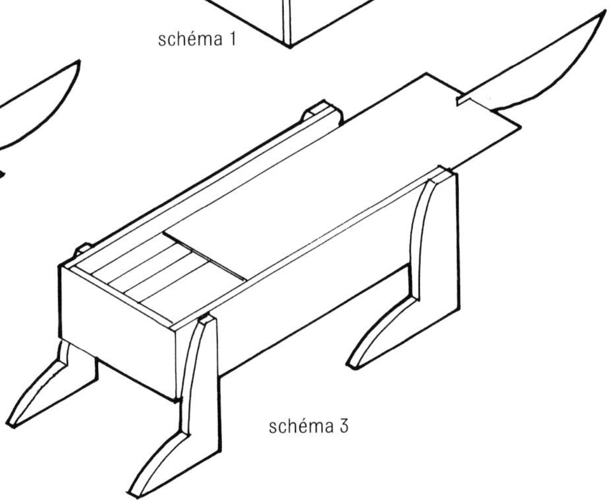

schéma 3

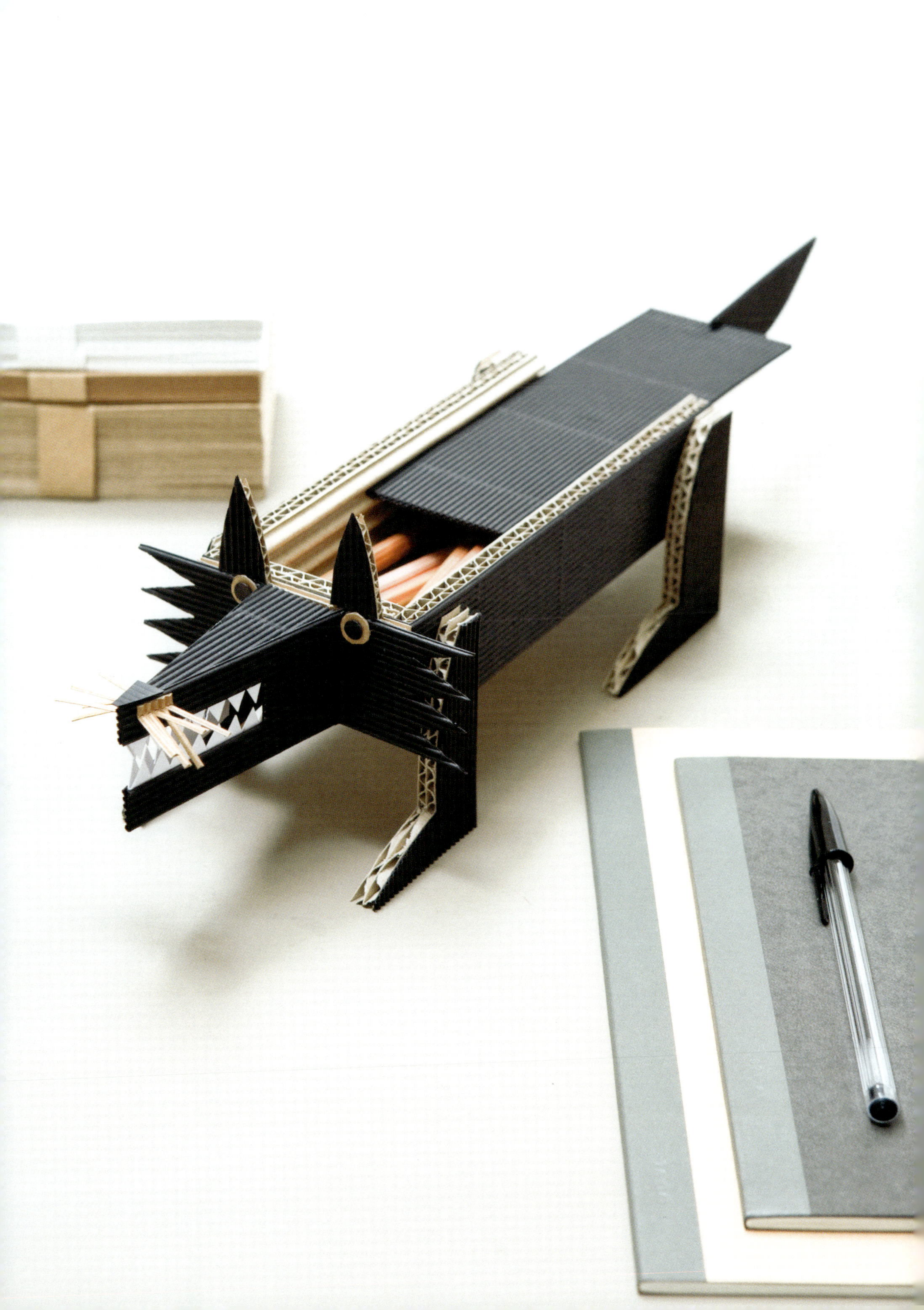

La tête

4

• **Dessinez** et découpez le triangle (D) de carton 0,3 et recouvrez-le de micro noir.
• **Dessinez** et découpez la tête (E) de micro noir. Évidez le rectangle central délimité par les pointillés qui formera la bouche. Donnez un léger coup de cutter pour pouvoir plier sur les pointillés, face lisse pour les deux côtés, face cannelée pour le centre.
• **Dessinez** et découpez deux bandes crénelées (E') de papier blanc épais pour les dents. Donnez un léger coup de cutter au milieu pour plier. Collez les bandes en haut et en bas de la bouche, côté face lisse.
• **Dessinez** et découpez la figure avec les oreilles (F) de carton 0,3. Recouvrez les oreilles de micro noir.
• **Pliez** la tête (E), puis collez-la avec le triangle (D) et avec les oreilles (schéma 4). Collez l'ensemble avec le corps (schéma 5).
• **Collez** deux ronds de micro kraft surmontés de confettis noirs pour les yeux, un minitriangle noir pour le nez et deux rectangles (1 x 2) de micro kraft effrangés sur 1,5 cm pour les moustaches (schéma 6).

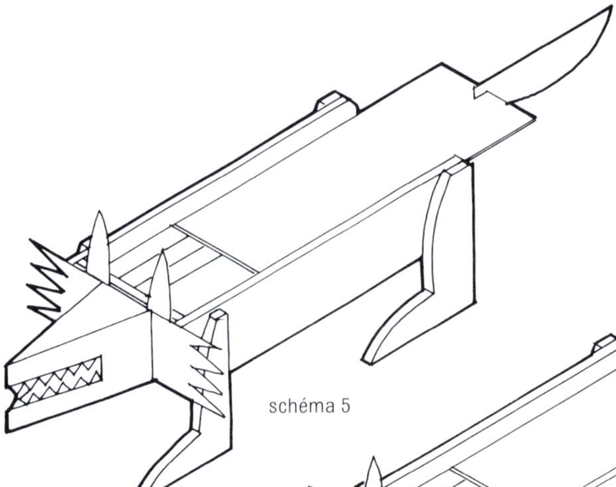

schéma 5

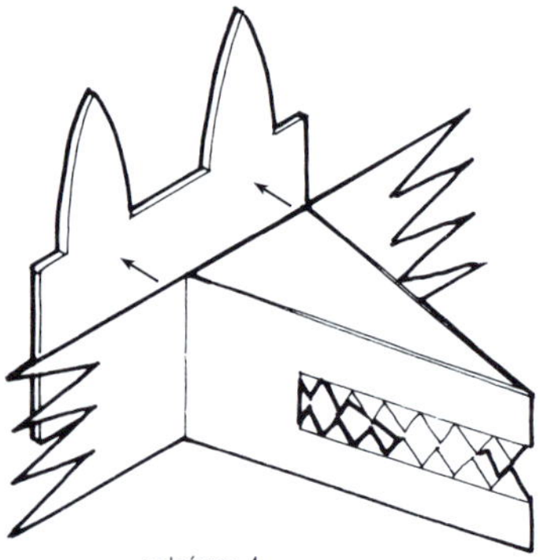

schéma 4

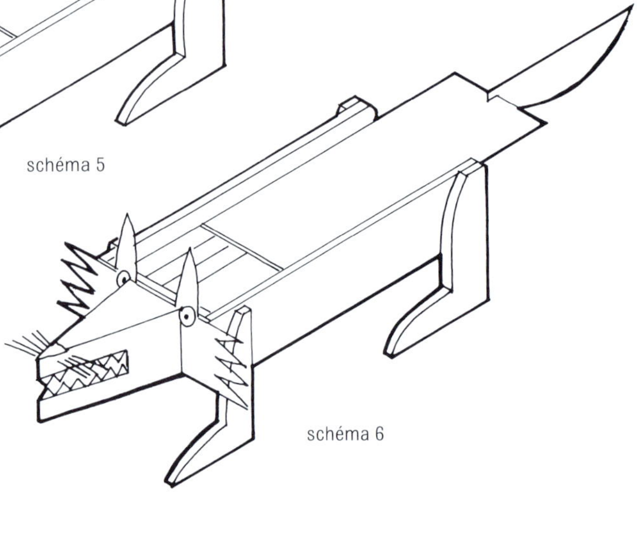

schéma 6

Loup — Gabarits à grandeur réelle

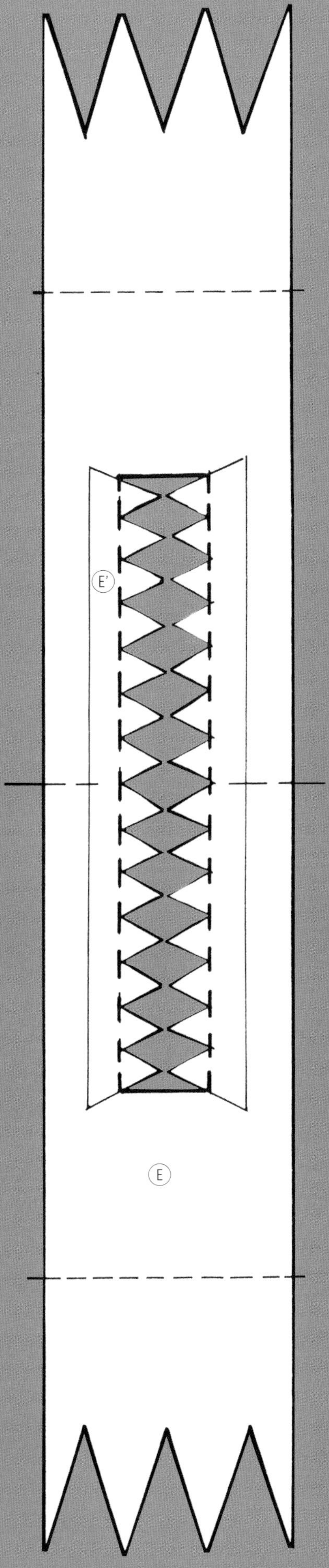

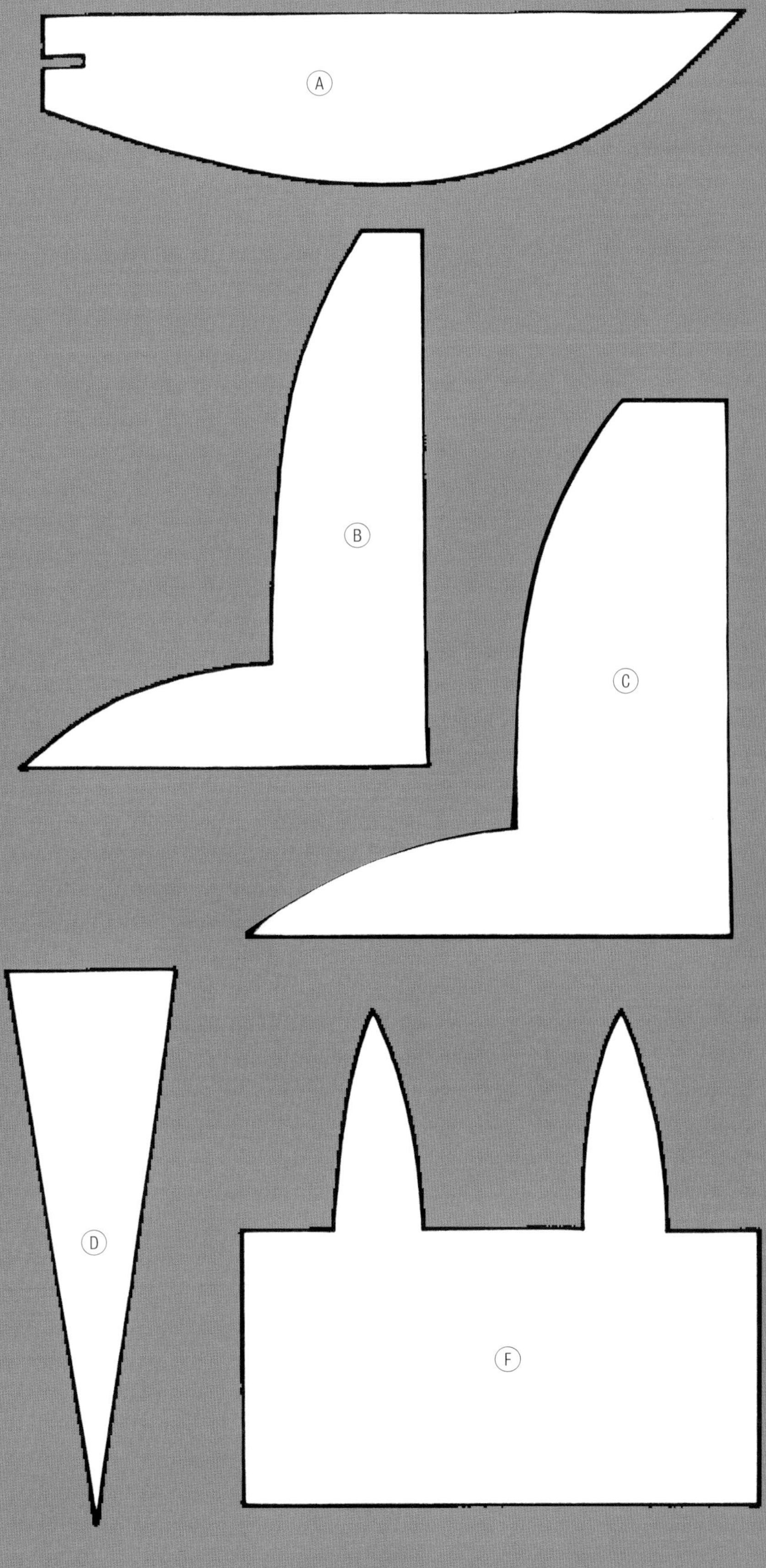

FOURNITURES

- **Carton 0,6 : 30 x 30**
- **Carton souple : 50 x 50**
- **Micro kraft : 10 x 10**
- **Micro noir : 10 x 10**

Le chat

Pour une boîte à bonbons ou à sucre, mais les chats aiment-ils le sucre ?

Le corps et la tête

1

- **La boîte** : découpez deux ronds (ø 10) de carton 0,6. Découpez un rectangle (34 x 9) de carton souple, collez-le autour d'un des ronds (schéma 1).
- **Le couvercle** : dessinez un cercle (ø 8) sur le deuxième rond. Découpez une bande (34 x 1,5) de carton souple, collez-la autour du rond en plaçant le dessin du cercle sur la face extérieure. Découpez une autre bande (1,5 x 25) de carton souple et collez-la sur le tracé du cercle (schéma 2).

2

- **La tête** : fabriquez une spirale de 10 cm de diamètre avec une bande (1,5 x 50) de carton souple. Poussez doucement la spirale pour obtenir le volume de la tête. Nappez de colle l'intérieur du volume.
- **Encastrez** et collez la tête dans le couvercle.

3

- **Les oreilles** : dessinez et découpez-les dans le micro kraft (A). Bordez-les de fines bandes de micro noir. Collez-les sur la tête du chat.
- **Les yeux** : fabriquez deux spirales avec deux bandes (25 x 0,5) de micro kraft. Cernez-les de micro noir. Collez au milieu deux confettis noirs et collez-les sur la tête.
- **Le nez** : dessinez et découpez-le en micro noir (B). Collez-le à la base de la tête en le laissant légèrement déborder du couvercle.
- **La bouche** : découpez deux rectangles (4 x 0,7 et 3 x 0,3) en micro noir, collez-les en T à l'envers sur le haut de la boîte.
- **Les moustaches** : découpez six fines bandes de 4 cm de long en micro kraft. Collez-les de chaque côté de la bouche.

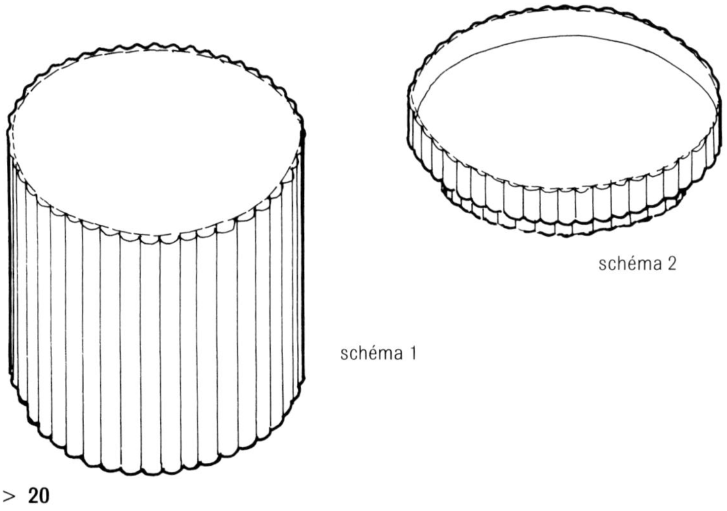

schéma 1

schéma 2

Chat — Gabarits à grandeur réelle

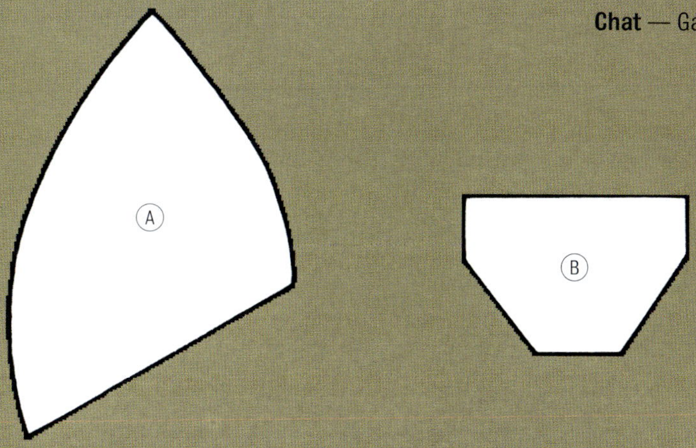

Le hérisson

Petit pot idéal pour les crayons qui se confondent avec les piquants.

FOURNITURES

- **Carton 0,3 : 36 x 36**
- **Carton 0,6 : 20 x 20**
- **Micro kraft : 10 x 10**
- **Micro noir : 40 x 40**

Le corps et la tête

1

- **Dessinez** et découpez deux profils de corps de carton 0,3 (A).
- **Découpez** dans le carton 0,6, puis collez ensemble deux rectangles a (18 x 5,5), deux b (10 x 5,5) et deux c (4 x 5,5).
- **Découpez** un rectangle d (11 x 5,5), puis un e (14 x 5,5) de carton 0,6.
- **Collez** les rectangles simples et doubles sur un profil, aux emplacements prévus (schéma 1).
- **Refermez** le volume du corps en collant le second profil sur les rectangles.

2

- **Dessinez** et découpez la base de la tête de carton 0,6 (B). Pliez les deux côtés de la tête légèrement vers l'intérieur (pointillés). Collez la base entre les deux côtés pliés (schéma 2).
- **Dessinez** et découpez l'arrondi de la tête de micro kraft (C). Collez cet arrondi sur les courbes de la tête.

3

- **Découpez** deux ronds pour les oreilles (ø 1,5). Encochez-les de chaque côté de la tête (schéma 3).
- **Fabriquez** un cône pour le nez avec une bande de micro noir (35 x 0,6). Collez le nez en bas de la tête.
- **Collez** deux confettis noirs pour les yeux.

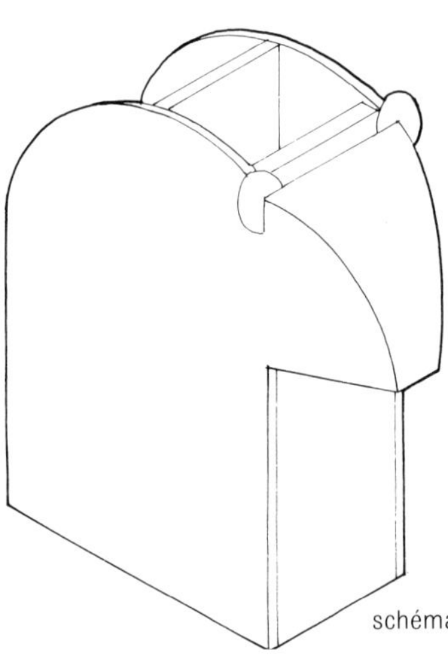

schéma 3

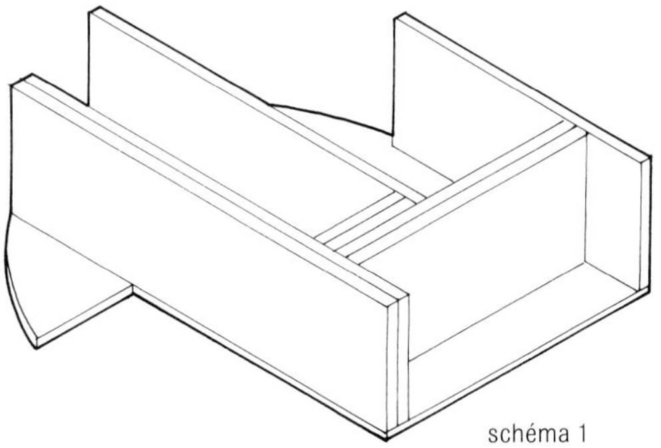

schéma 1

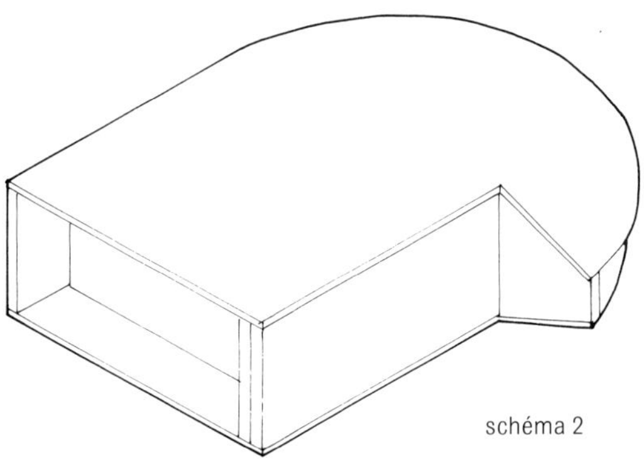

schéma 2

Le hérisson (suite)

Les piquants et les pattes

4

• **Dessinez** et collez de chaque côté du hérisson deux figures (D) de micro noir. Garnissez le rectangle arrière d de micro noir (schéma 4).
• **Découpez** six rectangles de micro noir de 6 x 4 (E). Effrangez-les en les coupant au creux de chaque cannelure jusqu'aux pointillés. Pliez grâce à un léger coup de cutter sur les pointillés.
• **Collez**-en deux sur la tête et les quatre autres à l'arrière (schéma 5).
• **Découpez** six rectangles de micro noir de 16 x 3 (F). Effrangez-les et pliez-les comme précédemment, puis collez-les sur les côtés du corps (schéma 6).

5

• **Dessinez** et découpez dix profils de pattes de carton 0,6 (G). Fabriquez deux pattes arrière en collant deux fois trois profils ensemble (schéma 7), puis deux pattes avant en les collant deux fois deux par deux. Collez les pattes arrière en bas et à l'avant du corps, les pattes avant 6 cm plus haut.

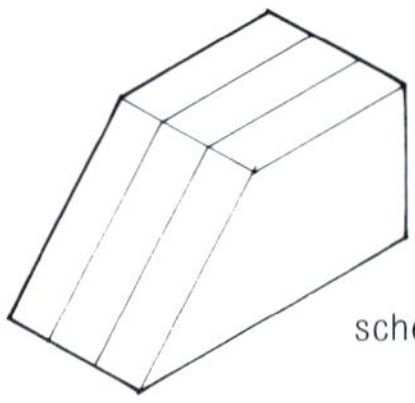

schéma 7

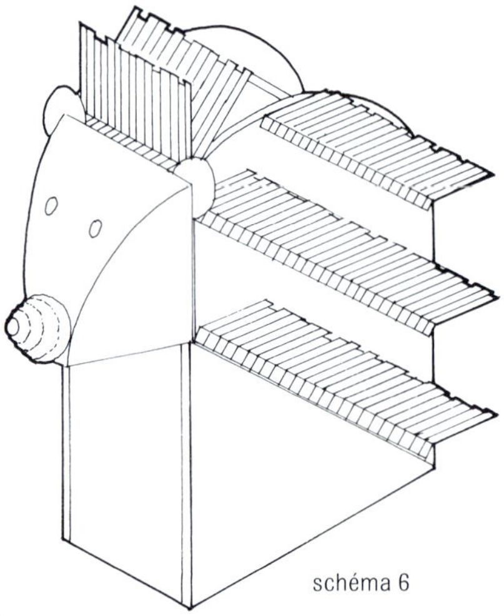

schéma 6

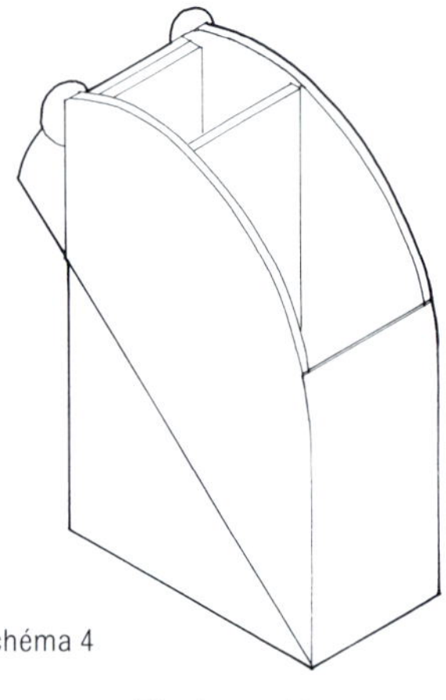

schéma 4

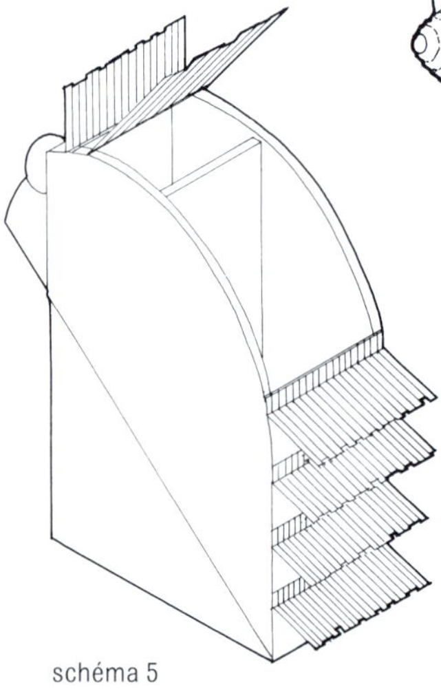

schéma 5

Hérisson — A, D, E, F : agrandir x 2
B, C, G : grandeur réelle

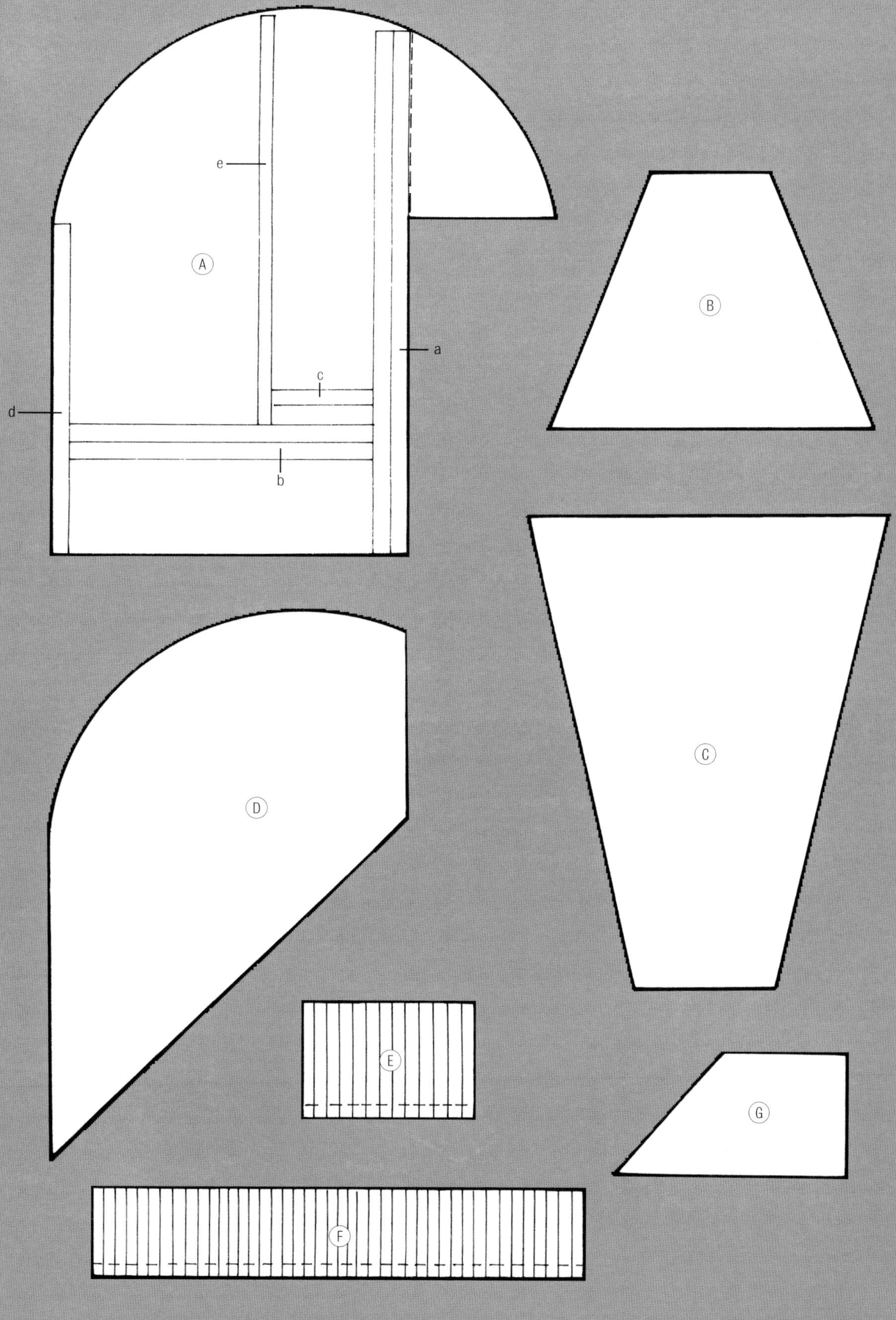

L'éléphant

Ça trompe énormément.
Adulte, il peut même cacher un pot...

FOURNITURES

- Carton 0,6 : 60 x 60
- Carton souple : 50 x 20
- Micro kraft : 50 x 25
- Micro blanc : 20 x 20
- Micro noir : 20 x 20

L'adulte cache-pot

1

- **Dessinez** et découpez deux profils de corps (A) de carton 0,6.
- **Découpez** trois rectangles a (12 x 37,5), b (12 x 23) et c (12 x 22). Collez-les avec un profil de corps (schéma 1) en plaçant b à 6 cm du bas du profil.
- **Refermez** le volume du corps en collant le second profil sur les rectangles.

2

- **Dessinez** et découpez quatre profils de pattes arrière (B) de carton 0,6. Collez-les deux par deux.
- **Dessinez** et découpez huit profils de pattes avant (C) de carton 0,6. Collez-les quatre par quatre (schéma 2).
- **Collez** les pattes avec le corps (schéma 3).

3

- **Dessinez** et découpez la paire d'oreilles (D) de micro kraft. Pliez celles-ci sur les pointillés et collez-les de chaque côté de la tête.

4

- **Dessinez** et découpez la trompe (E) de micro kraft. Collez-la sur l'arrondi de la tête.

5

- **Dessinez** et découpez les deux défenses (G) de carton 0,6. Recouvrez-les de micro blanc. Collez-les de chaque côté de la tête de l'éléphant.
- **Fabriquez** deux spirales pour les yeux avec deux bandes (13 x 0,5) de micro noir. Collez-les sur la trompe à 8 cm du haut de la tête.

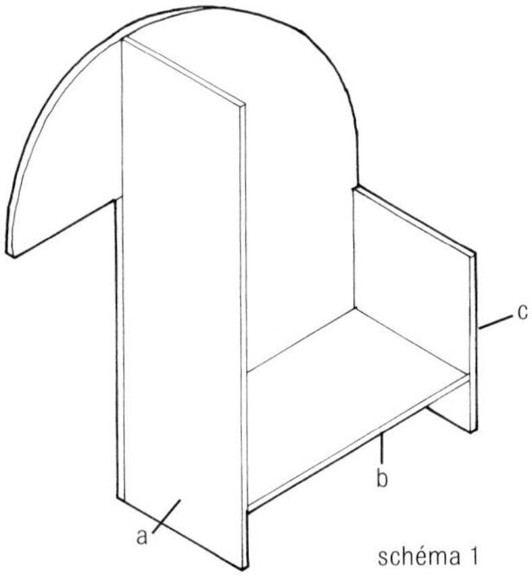

schéma 1

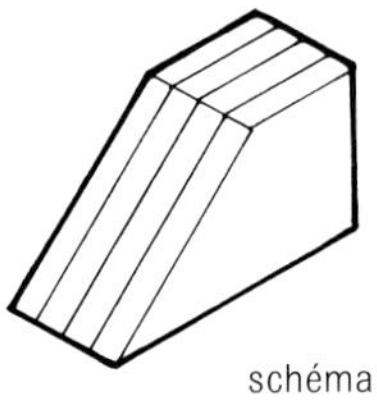
schéma 2

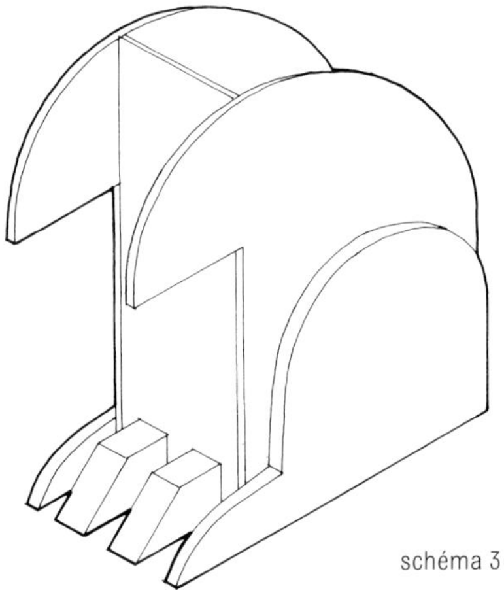
schéma 3

L'éléphant (suite)

FOURNITURES

- Carton 0,6 : 20 x 20
- Carton 0,3 : 15 x 15
- Micro kraft : 12 x 12
- Micro blanc : 2 x 2
- Miniperles noires

L'éléphanteau

1 • **Dessinez** et découpez quatre profils de corps (A) de carton 0,6. Collez-les ensemble (schéma 4).

2 • **Dessinez** et découpez quatre pattes arrière (B) de carton 0,3. Collez-les deux par deux. Découpez deux pattes avant (C) de carton 0,6.
• **Collez** les quatre pattes avec le corps (schéma 5).

3 • **Fabriquez** les oreilles et la trompe en suivant le même déroulement que pour l'éléphant adulte (étapes 3 et 4) à la différence que la trompe est fabriquée avec du carton souple (schéma 6).

4 • **Dessinez** et découpez la paire de défenses (F) de micro blanc. Collez celles-ci de chaque côté de la tête.
• **Collez** les deux perles pour les yeux.

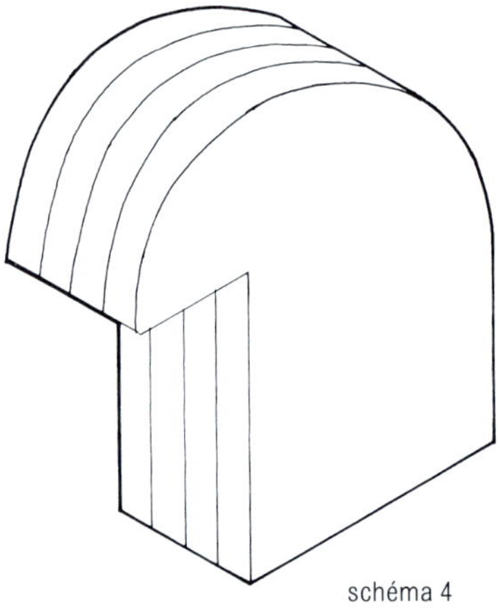

schéma 4

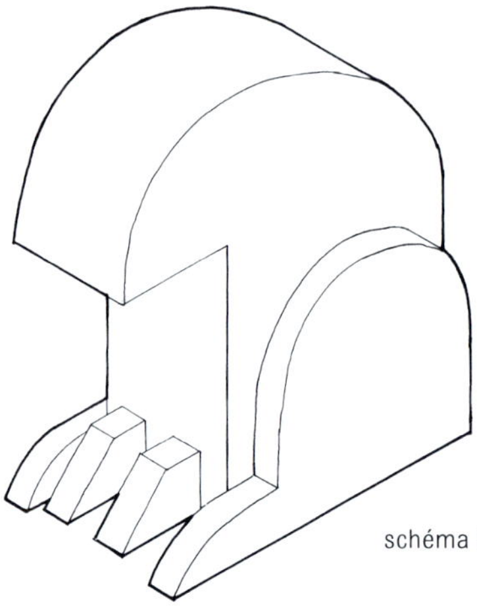

schéma 5

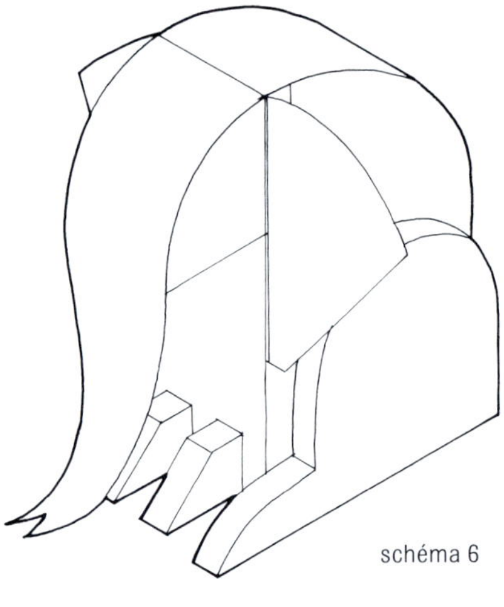

schéma 6

Éléphant — Adulte : agrandir x 4 (sauf G qui est à grandeur réelle)
Éléphanteau : grandeur réelle

L'arche de Noé

Une drôle d'horloge à réaliser avant qu'il ne pleuve sur la Terre...

FOURNITURES
- Carton 0,6 : 60 x 60
- Carton 0,3 : 25 x 25
- Micro kraft : 22 x 22
- Micro blanc : 10 x 10
- Chemises cartonnées : 1 grise, 1 marron et 1 noire
- Papier calque 22 x 22
- Mécanisme d'horloge et jeu d'aiguilles
- Poinçon

L'horloge

1

• **Découpez** dans le carton 0,6 quatre carrés (22 x 22) évidés d'un rectangle, dont un surmonté de la cabane (A). Collez ces carrés les uns sur les autres, celui surmonté d'une cabane étant en troisième position (schéma 1).

2

• **La façade** : découpez un carré (22 x 22) de carton 0,3. À l'aide du poinçon, formez au centre un rond (ø 0,8). Découpez six bandes (3,4 x 22) de micro kraft, recoupez-les pour formez des briques (B) et collez-les sur la façade.

3

• **Le cadran** : reproduisez sur du papier-calque le dessin (C). Placez le calque sur la façade et, à l'aide du poinçon, indiquez les repères horaires du cadran. Collez sur chaque repère un confetti de chemise cartonnée noir ou gris.

4

• **Collez** la façade contre le support (schéma 2). Encastrez le mécanisme de l'horloge dans le support et fixez les aiguilles à l'avant de la façade.

5

• **La cabane** : recouvrez le toit et le haut de la cheminée de carton gris. Découpez et collez un rectangle (3 x 2) de carton noir pour la porte, et deux rectangles (3 x 1) de micro kraft pour les volets.

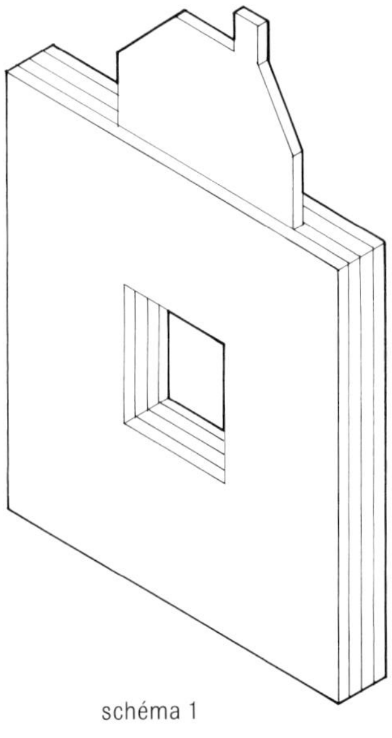

schéma 1

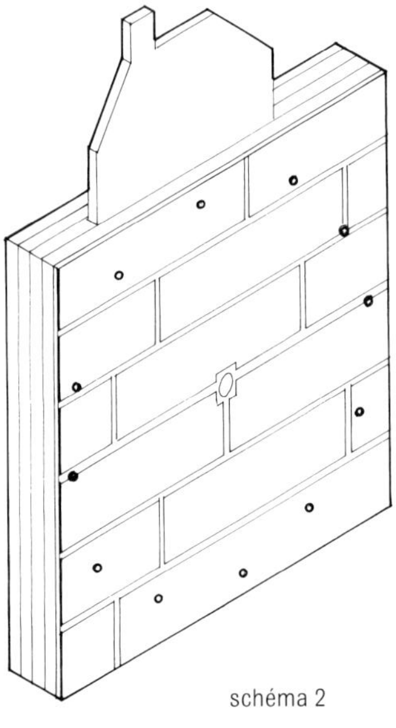

schéma 2

Les animaux

6

• **Dessinez** et découpez les silhouettes des animaux, puis décorez-les :
L'éléphant (D) dans du carton gris, pliez au niveau des pointillés, décorez de deux confettis noirs pour les yeux et de micro blanc pour les défenses ;
Le serpent (E) dans du carton gris, avec du carton noir pour les anneaux du corps et la langue, des confettis noirs pour les yeux ;
L'élan (F) dans du carton marron, avec du micro kraft pour le museau, des confettis noirs pour les yeux et des demi-confettis noirs pour les narines ;
L'âne (G) dans du carton gris, le museau est en carton marron avec du carton noir pour la bouche et un confetti noir pour la narine, l'œil est fait d'un rond en carton marron et d'un confetti noir, la crinière est en carton noir effrangé ;
Le singe (H) dans du carton marron, avec des confettis kraft pour les oreilles, du micro kraft pour le museau, des confettis noirs pour les narines et les yeux ;
L'hippopotame (I) dans du carton gris, avec du carton noir pour les narines et les yeux, du micro blanc pour les dents ;
La girafe (J) dans du carton marron, avec du carton noir pour les taches et la bouche, des demi-confettis noirs pour les yeux et les narines, des confettis noirs pour les oreilles et une bande de carton noir effrangée pour la crinière ;
La vache (K) dans du carton marron, avec du carton noir pour la tache sous l'œil, des confettis blancs pour les yeux avec les pupilles tracées au feutre, du micro kraft et des confettis noirs pour le museau ;
Le rhinocéros (L) en carton gris avec un confetti blanc pour l'œil et la pupille tracée au feutre noir, du micro blanc pour la défense et la bouche, un demi-confetti noir pour la narine ;
Le panda (M) en micro blanc avec du carton noir pour les oreilles, le nez et les orbites, des confettis blancs et une pointe de feutre noir pour les yeux ;
Le chat (N) en carton noir, avec du micro kraft pour le museau et deux trous au poinçon pour les yeux ;
Le lion (O) en carton marron, avec du carton noir pour la bouche et le nez, des confettis noirs pour les yeux.

7

• **Collez-les** à l'arrière de la façade tout autour du cadran. La tête de la vache est collée en relief grâce à un petit morceau de carton 0,3 ainsi que les bois de l'élan et la trompe de l'éléphant. La patte du singe est encastrée dans une fente sur le cadran.

Arche de Noé — Gabarits à grandeur réelle

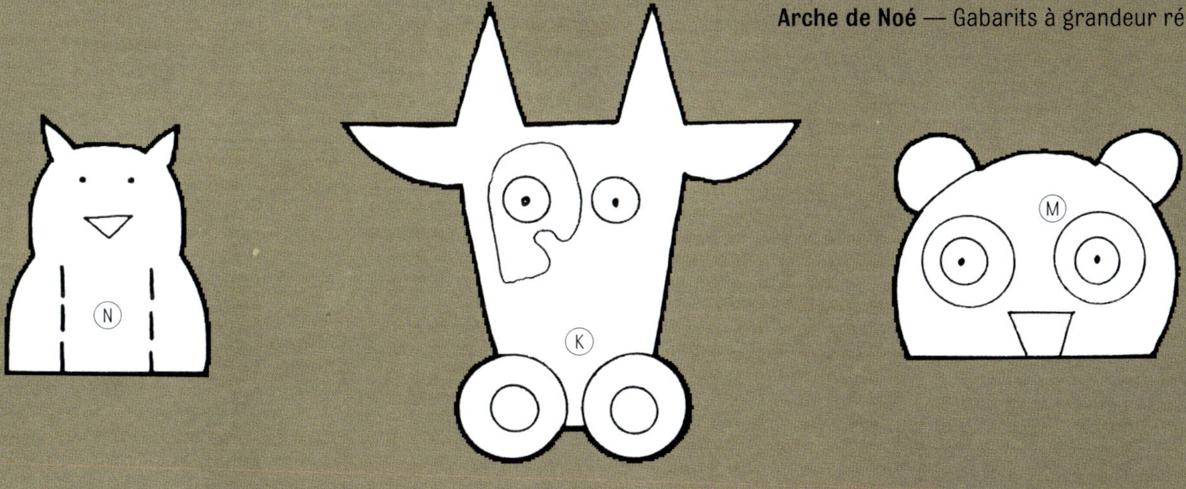

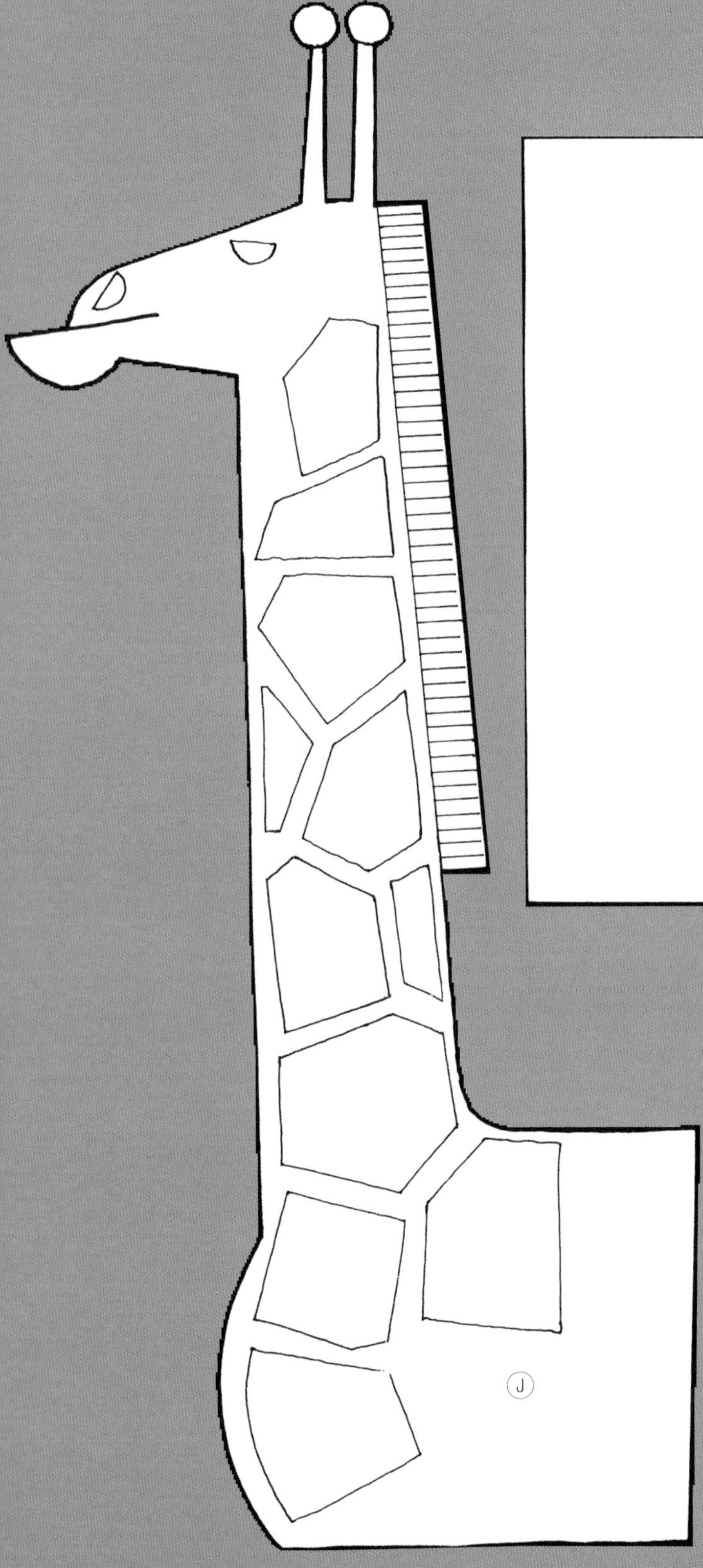
J

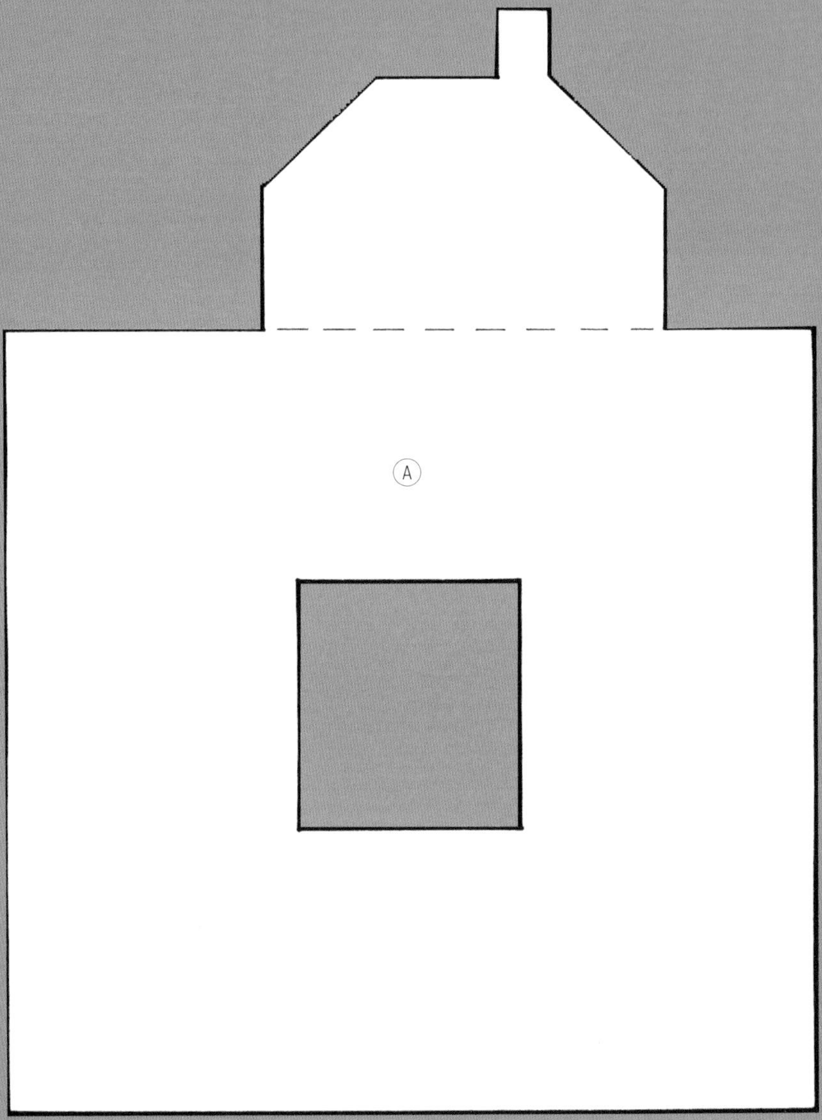
A

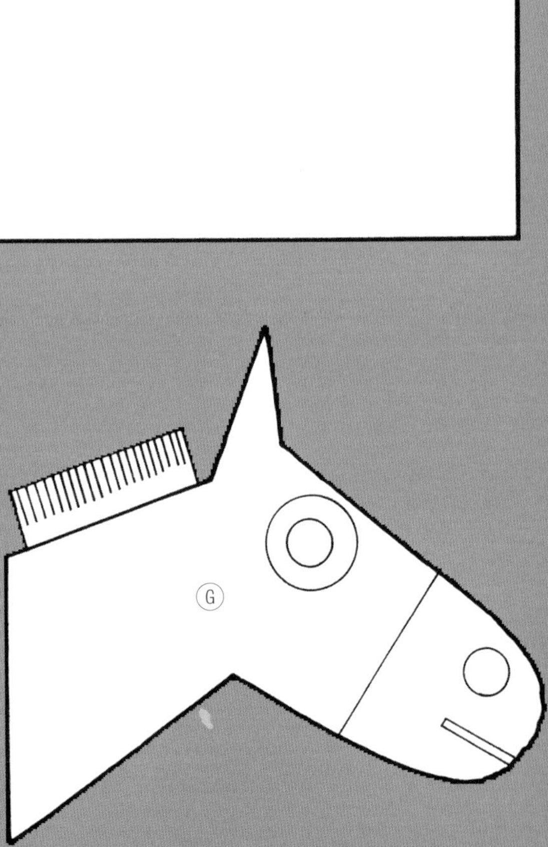
G

Arche de Noé — Gabarits à grandeur réelle
sauf A, B, C qui sont à agrandir x 2,05

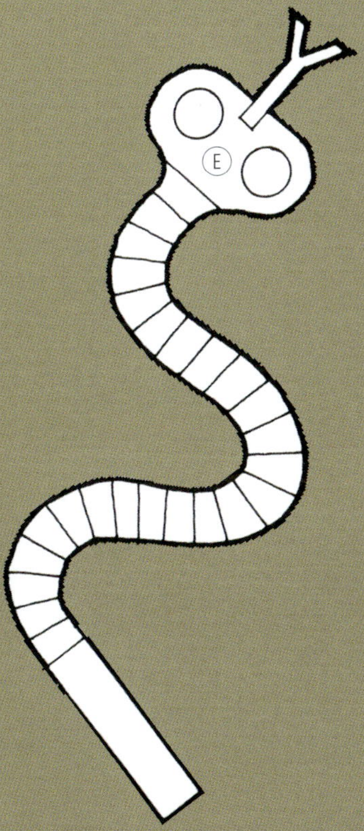

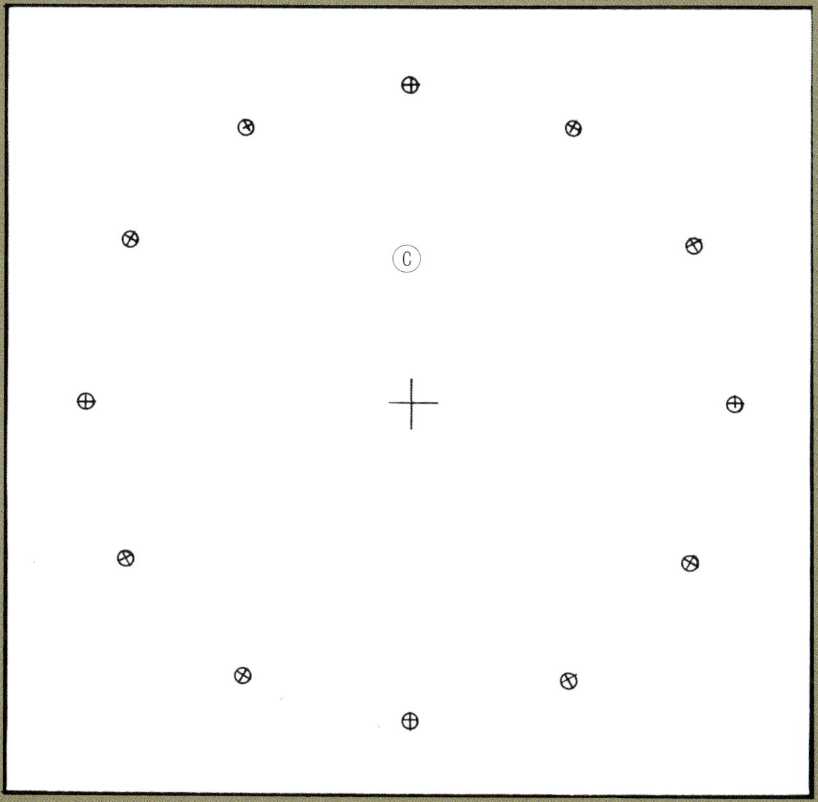

D
L
I

O

H

F

Le cochon

Le cochon

Et ses quatre petits, couleur carton, en guise de porte-torchons.

FOURNITURES

- **Carton 0,6 : 100 x 100**
- **Carton souple : 50 x 50**
- **Micro kraft : 30 x 30**
- **Micro noir : 30 x 5**
- **2 accroches pour cadre**

1

- **Dessinez** et découpez deux profils de corps de carton 0,6 (A), dont l'un sera échancré suivant les pointillés. Fixez les accroches à l'arrière du profil plein. Collez les profils l'un sur l'autre.
- **Dessinez** et découpez un profil de corps de carton souple (B), et collez-le sur le corps.
- **Découpez** deux baguettes (1,5 x 28) de carton 0,6. Collez-les ensemble, puis en bas du profil, entre les pattes.

2

- **Dessinez** et découpez une patte avant et une patte arrière de carton 0,6 (C et D).
- **Recouvrez** les pattes de carton souple (sens des cannelures opposé à celui du corps). Collez les pattes sur le corps.

3

- **Le groin** : découpez un rectangle (5 x 11) de carton 0,6 et un rectangle (11 x 8,5) de carton souple. Recourbez et collez le rectangle de carton souple sur l'autre rectangle. Coupez une extrémité en biais (schéma 1).
- **Dessinez** et découpez un ovale (E) de micro kraft. Collez-le sur le biais du groin et décorez-le de deux minispirales de micro noir pour les narines.
- **Collez** le groin sur le corps (schéma 2).

4

- **Les oreilles** : dessinez et découpez-les dans le micro kraft (F et G). Collez-en une derrière la tête et l'autre pliée sur l'épaisseur du corps (en suivant les pointillés) et rabattue sur l'avant de celui-ci.

5

- **Les yeux** : découpez deux bandes (13 x 0,5) de micro noir, enroulez-les en spirale et collez-les entre les oreilles.

6

- **La queue** : recourbez une bande (1 x 5) de carton souple. Collez-la au bout du corps.

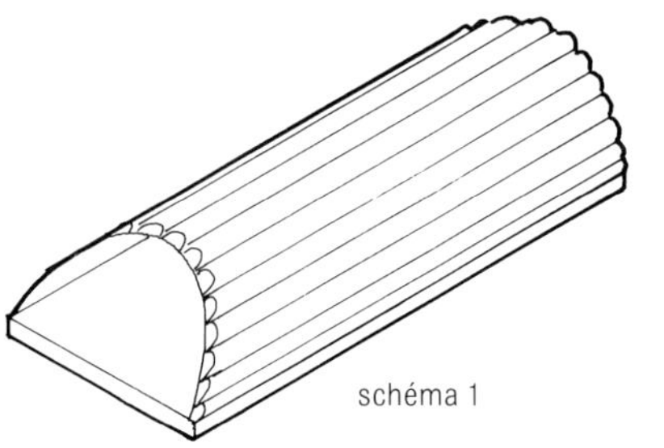

schéma 1

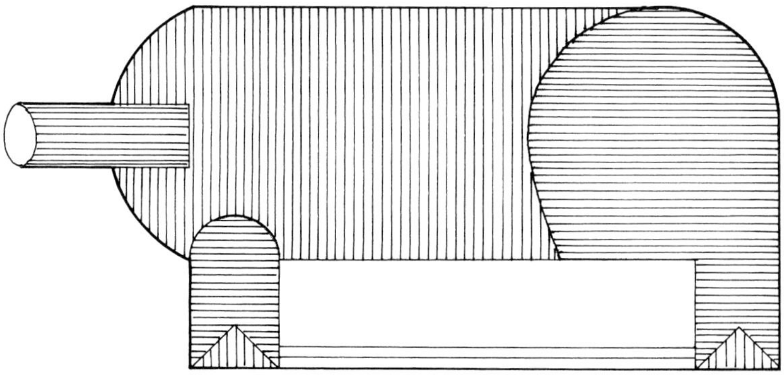

schéma 2

Les patères « petits cochons »

7 • **Fabriquez** quatre cylindres avec quatre bandes (22 x 5) de carton souple. Découpez quatre bandes (50 x 2,5) de carton souple. Enroulez-les et collez-les autour des cylindres (schéma 3).

8 • **Les corps** : découpez quatre cercles (ø 6,5) de micro kraft et évidez-les en leur centre d'un rond (ø 2,5).
• **Décorez** chaque corps avec deux oreilles de micro kraft, deux rectangles de carton souple pour les pattes et deux confettis de micro noir pour les yeux (H).

9 • **Encastrez** et collez les corps des petits cochons dans les patères.
• **Collez** les patères dans le creux laissé sous le corps du cochon pour qu'ils soient espacés de manière égale.

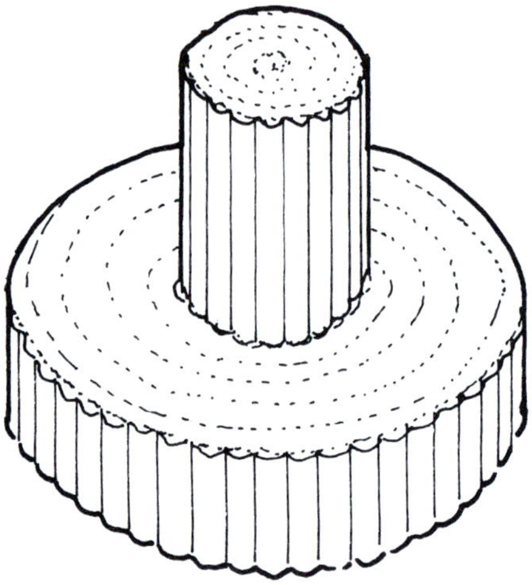

schéma 3

Cochon — Gabarits à agrandir x 4,
sauf E et H qui sont à grandeur réelle

Objets déco

FOURNITURES

- Carton 0,6 : 40 x 40
- Carton 0,3 : 30 x 30
- Micro kraft : 40 x 5
- Micro noir : 5 x 5
- Bombe de peinture marron
- Ruban adhésif de protection

Les singes de la sagesse

Ne rien voir de mal, ne rien entendre de mal, ne rien dire de mal...

Le corps et les pattes

1

• **Dessinez** et découpez douze profils de corps (A) dans le carton 0,6.
Collez-les quatre par quatre.

2

• **Dessinez** et découpez douze profils de patte arrière (B) dans le carton 0,3.
Collez-les deux par deux, puis de chaque côté des corps.
Recouvrez leurs contours arrondis de bandes de micro kraft. Collez du ruban adhésif de protection sur 2 cm en haut des corps, là où seront placés les nez (schéma 1).

3

• **Dessinez** et découpez six fois le profil de patte avant (C) dans le carton 0,3. Pliez les profils en suivant les pointillés d'un côté et de l'autre (schéma 2).
Collez-les sur les corps selon deux positions : deux fois les épaules orientées vers le haut (D), une fois les épaules orientées vers le bas (E).
Bombez à la peinture marron les trois corps en prenant soin de bien faire pénétrer la peinture dans les cannelures.

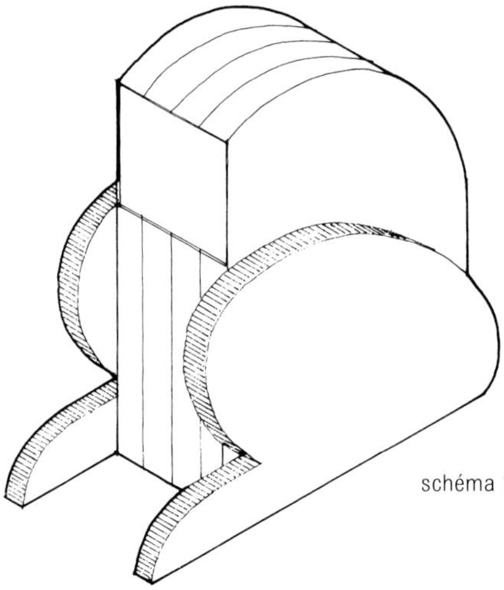
schéma 1

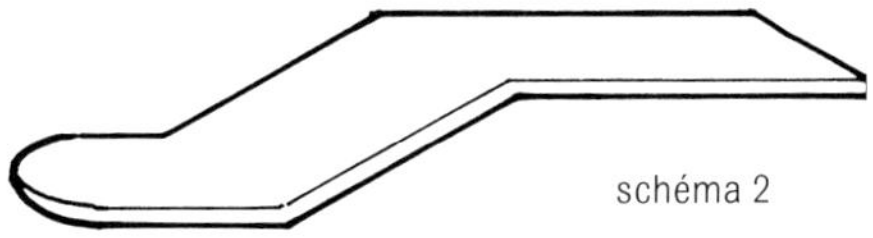
schéma 2

Les visages, les pieds et les mains

4
- **Fabriquez** trois cônes avec des bandes (0,7 x 40) de micro kraft pour les bouches et les nez.
- **Collez** au sommet de chaque cône un confetti décoré de deux bâtonnets noirs pour les narines.
- **Collez** en dessous du nez une minibande noire recourbée pour la bouche.
- **Décollez** les rubans adhésifs en haut des corps, puis collez les cônes sur ces emplacements.

5
- **Découpez** six ronds (ø 1,5) de micro kraft pour les oreilles. Faites une fente de chaque côté des têtes et encastrez-y les ronds.

6
- **Découpez** six ronds (ø 1,2) de micro kraft pour les yeux, décorez-les de confettis noirs, puis collez-les au-dessus du nez (schéma 3).

7
- **Les pieds et les mains** : découpez douze rectangles (2 x 0,8) de micro kraft. Effrangez-les sur 1 cm pour former les doigts. Collez-les sur les pattes arrière et avant. Après séchage, positionnez les mains en les collant sur les yeux et les oreilles (D), sur la bouche (E).

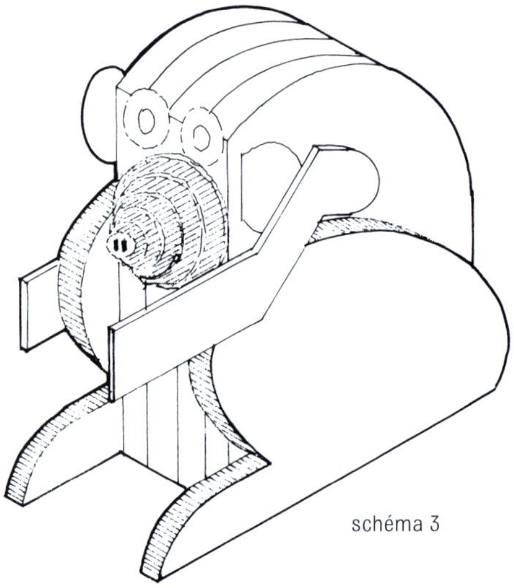

schéma 3

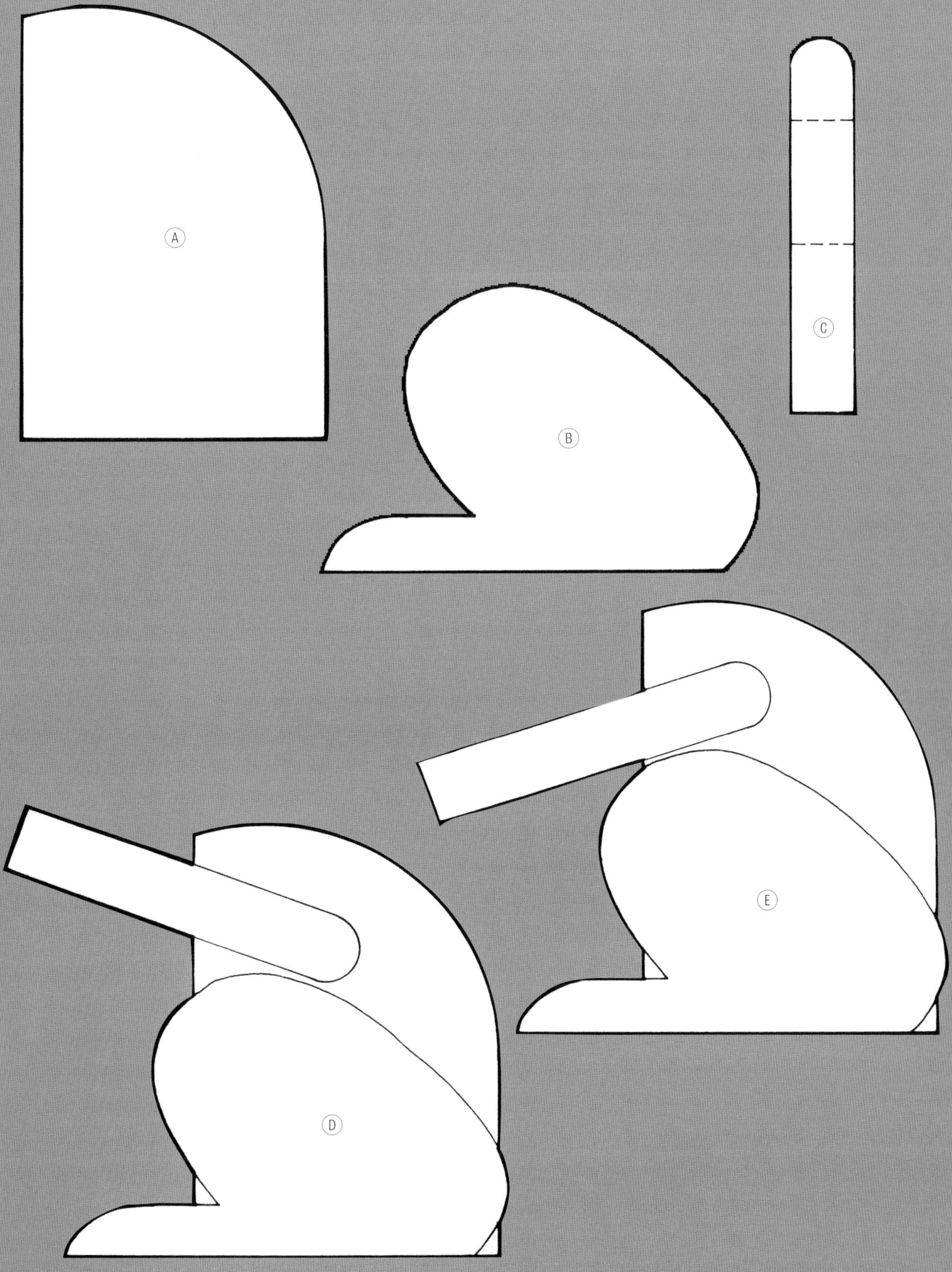
A
B
C
D
E

FOURNITURES

- Carton 0,6 : 25 x 25
- Carton micro kraft : 5 x 5
- Carton micro noir : 10 x 10
- Carton souple : 1 cannelure
- 2 miniperles noires

La girafe

Elle passait chez les Grecs pour être la fille du chameau et du léopard...

Le corps et les pattes

1

• **Dessinez** et découpez trois profils de corps de carton 0,6 (pointillés), dont un avec le cou et la tête (A).
• **Collez** le profil avec le cou et la tête entre les deux autres (schéma 1).
• **Dessinez**, découpez et collez les taches de micro noir sur le corps et le cou (B).

2

• **Découpez** huit bandes (0,7 x 12) de carton 0,6 pour les pattes. Collez-les deux par deux, puis coupez-les en biais (C).
• **Découpez** une bande (6 x 1) de carton 0,6. Recoupez-la en quatre morceaux pour les sabots (D). Collez les sabots sous les pattes, et les pattes de chaque côté du corps (schéma 2).

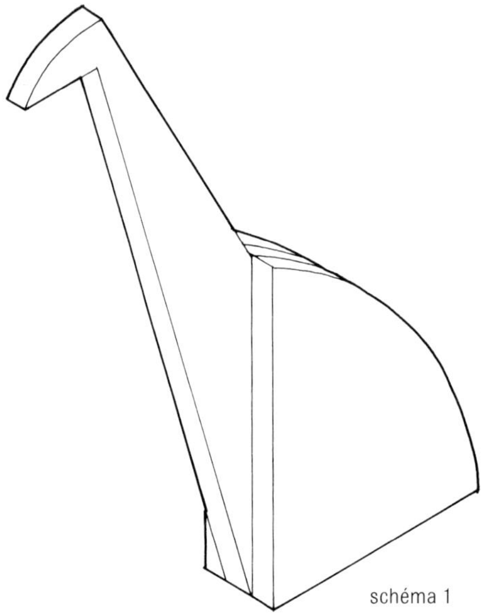
schéma 1

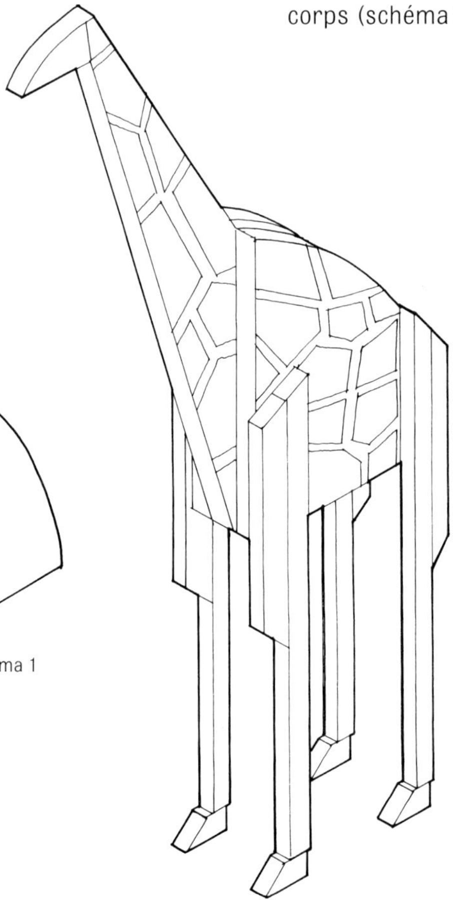
schéma 2

La tête et la queue

3 • **Fabriquez** la tête comme suit (schéma 3) :
a : recouvrez la courbe de la tête d'une bande de carton micro kraft ;
b : collez la cannelure de carton souple sous la tête pour la bouche ;
c : collez un confetti noir coupé en deux pour les narines ;
d : collez les deux miniperles pour les yeux ;
e : encastrez les deux oreilles préalablement découpées et pliées selon les pointillés dans le micro kraft (E) ;
f : découpez et collez deux bâtonnets en kraft pour les cornes, surmontés chacun d'un demi-confetti noir.

4 • **Découpez** une bande (9 x 1,5) de micro noir pour la crinière (F). Pliez-la en deux selon les pointillés, et effrangez-la des deux côtés sur 0,5 cm. Collez-la sur le cou.

5 • **La queue** : découpez une bande (5 x 0,7) de carton 0,6. Entourez-la d'un carré (3 x 3) de micro noir effrangé d'un côté et coupez-la en biais sur le côté opposé. Collez-la sur le biais à l'arrière du corps.

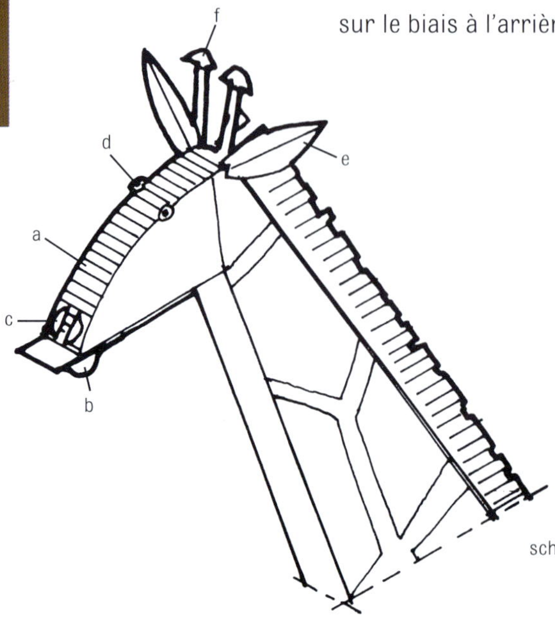

schéma 3

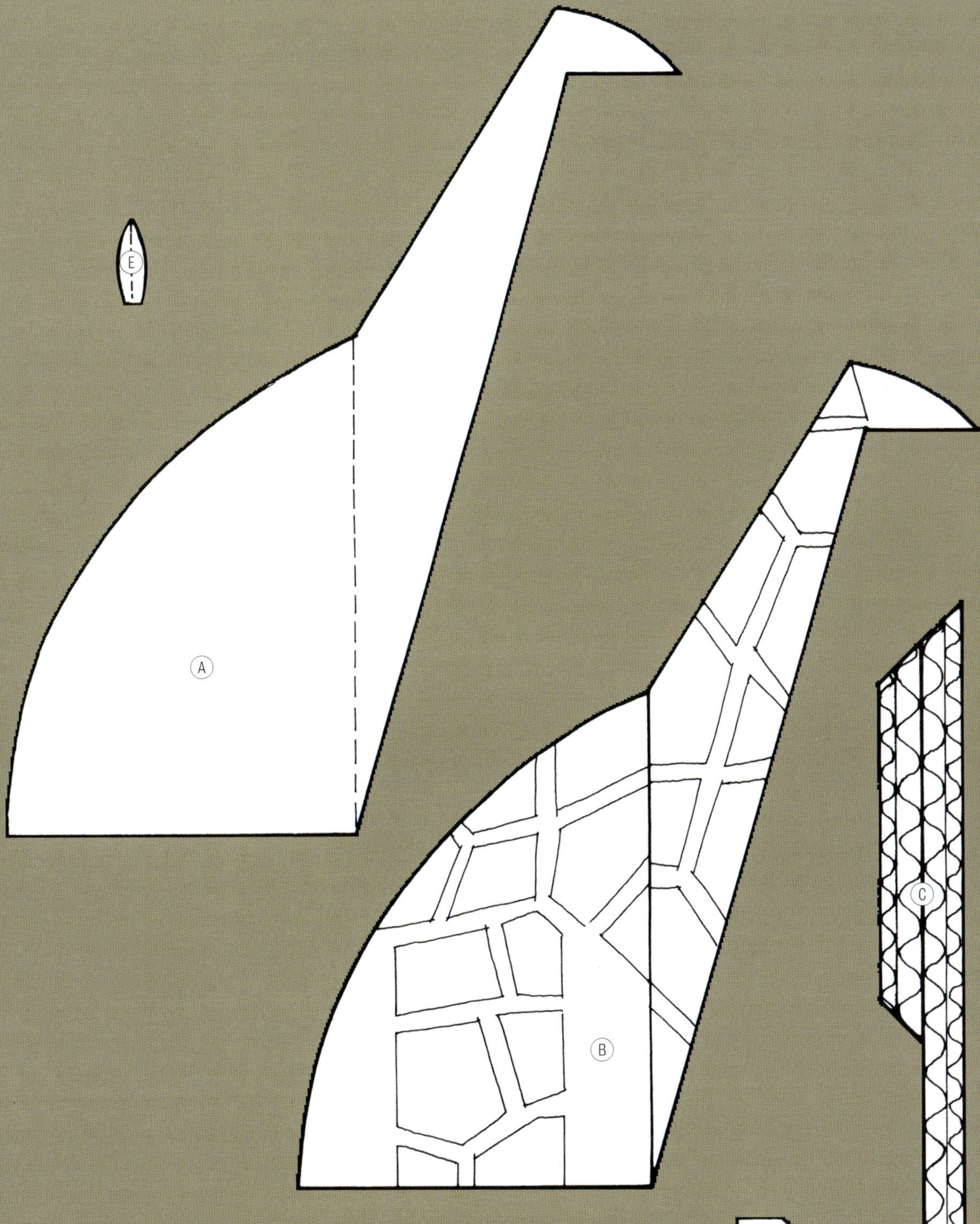
E
A
B
C
D
F

La libellule

On l'appelle aussi « demoiselle » à cause de son corps fuselé...

FOURNITURES

- Carton 0,6 : 20 x 20
- Micro kraft : 20 x 10
- Micro bleu : 20 x 10
- Papier épais : 16 x 20
- Bombe de peinture gris-vert
- Fil de Nylon

Le corps et la tête

1

- **Découpez** une baguette (19 x 0,7) et deux baguettes (13,5 x 0,7) de carton 0,6. Collez-les ensemble comme indiqué en (A).
- **Coupez** dans l'épaisseur la bande du dessus et la bande du dessous comme indiqué par les pointillés, puis coupez les deux côtés en biais selon les pointillés.

2

- **Collez** les différents éléments qui composent le corps (B) :

a : sur le haut, en les espaçant régulièrement, des petits rectangles de micro bleu ;

b : de chaque côté, deux baguettes (5,5 x 0,7) découpées dans du carton 0,6 et coupées en biais aux deux extrémités ;

c : sur l'avant, une spirale fabriquée avec une bande (0,5 x 22) de micro kraft ;

d : au bout, un morceau de micro bleu découpé en Y.

3

- **Fabriquez** un cône pour la tête avec une bande (0,5 x 25) de micro kraft :

e : encastrez et collez-la au bout du corps ;

f : fabriquez deux minispirales de micro bleu surmontées de plus petites de micro kraft pour les yeux.

Les ailes et les pattes

4

• **Découpez** vingt quatre baguettes (0,3 x 16) de carton 0,6. Collez-les ensemble pour former les nervures des ailes.

• **Dessinez** et découpez les deux paires d'ailes de papier épais (C).
Posez l'ensemble nervuré sur le dessin et découpez selon le contour des ailes.
Bombez les ailes à la peinture gris-vert.

• **Fabriquez** deux minicylindres avec deux rectangles (2 x 2) de micro kraft. Collez les ailes sur les débords du corps en vous servant des cylindres pour les incliner (schéma 1).

5

• **Découpez** trois cannelures de micro bleu de 12 cm de longueur pour fabriquer les pattes.

• **Glissez**-les et collez-les dans les cannelures sous les ailes.

• **Pliez**-les deux fois par côté en alternant le sens du pliage.

6

• **Accrochez** la libellule avec un fil de Nylon.

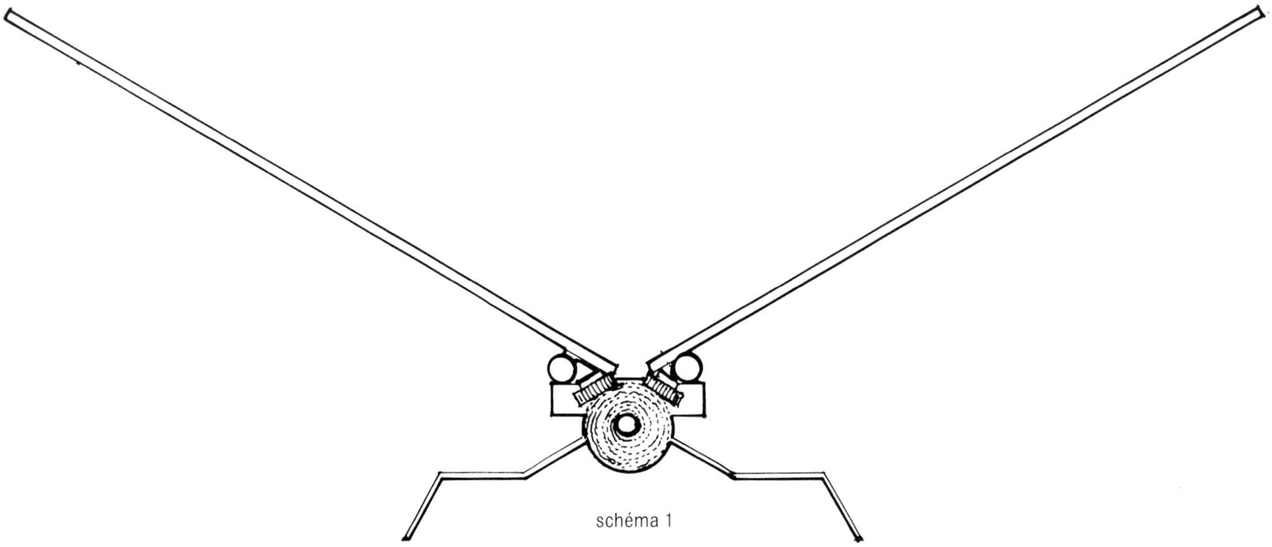

schéma 1

2,5 cm
A

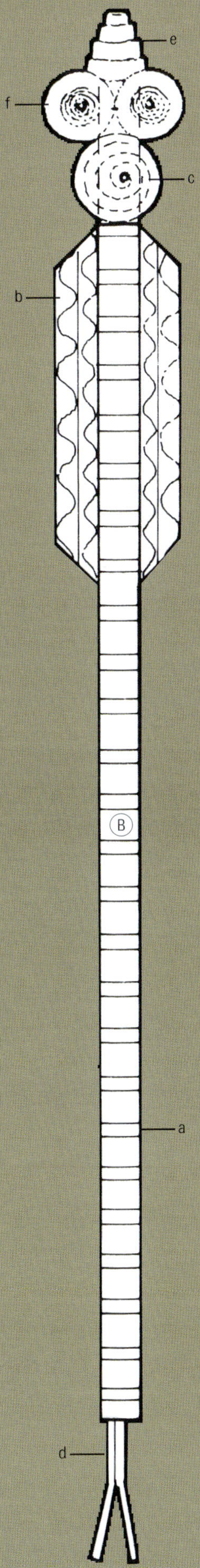
e
f
c
b
B
a
d

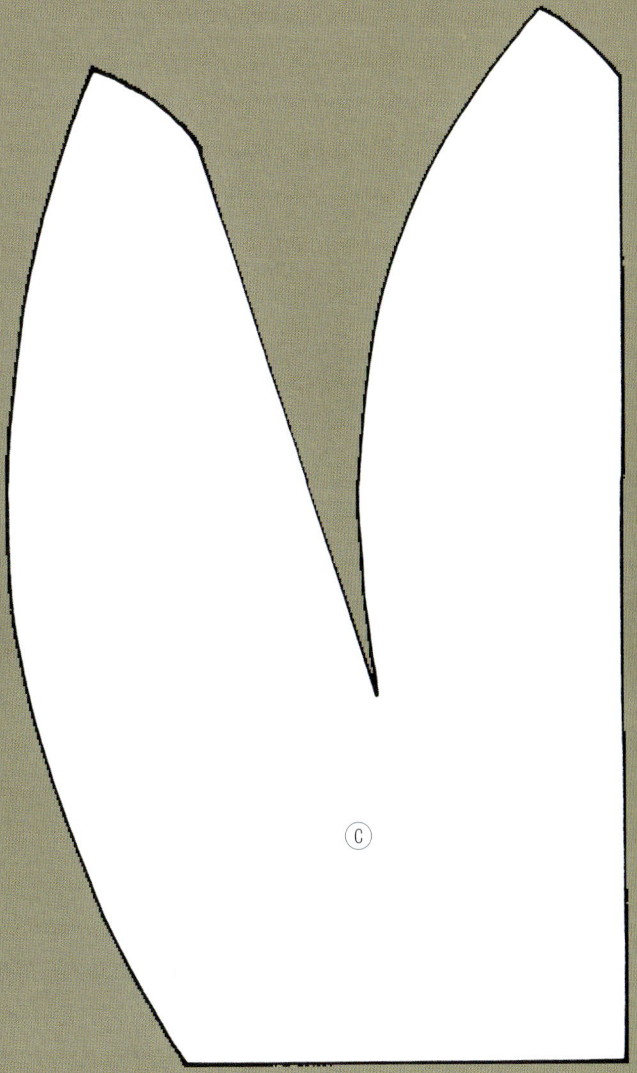
C

FOURNITURES

- Carton 0,6 : 20 x 20
- Carton souple : 30 x 30
- Micro kraft : 30 x 30

Le corps et la queue

1

- **Dessinez** et découpez deux profils de corps de carton 0,6 (A). Collez ensemble ces deux profils.
- **Recouvrez** chaque côté du corps de carton micro kraft.

2

- **Dessinez** et découpez deux profils de queue de micro kraft (B).
- **Collez-les** de chaque côté du corps à partir des pointillés indiqués sur le profil A.
- **Collez** les deux parties rondes de la queue l'une contre l'autre.

Le caméléon

Brun sur le sable, gris sur les rochers, vert dans l'herbe...

3

- **Fabriquez** les différents éléments qui décorent le corps (schéma 1) :

a : découpez et collez sous le corps une bande de carton souple de 1,4 cm de large ;

b, c : découpez une bande de carton souple de 2,5 cm de large, aplatissez les cannelures à l'aide d'une règle, collez-en un morceau sur la tête – en laissant déborder également la bande de chaque côté du corps – collez l'autre morceau sur le dos et la queue du caméléon ;

d : garnissez l'épaisseur en débord de chaque côté du dos et de la queue d'une bande aplatie de 0,6 cm de large ;

e : enroulez et collez en spirale l'extrémité de la bande.

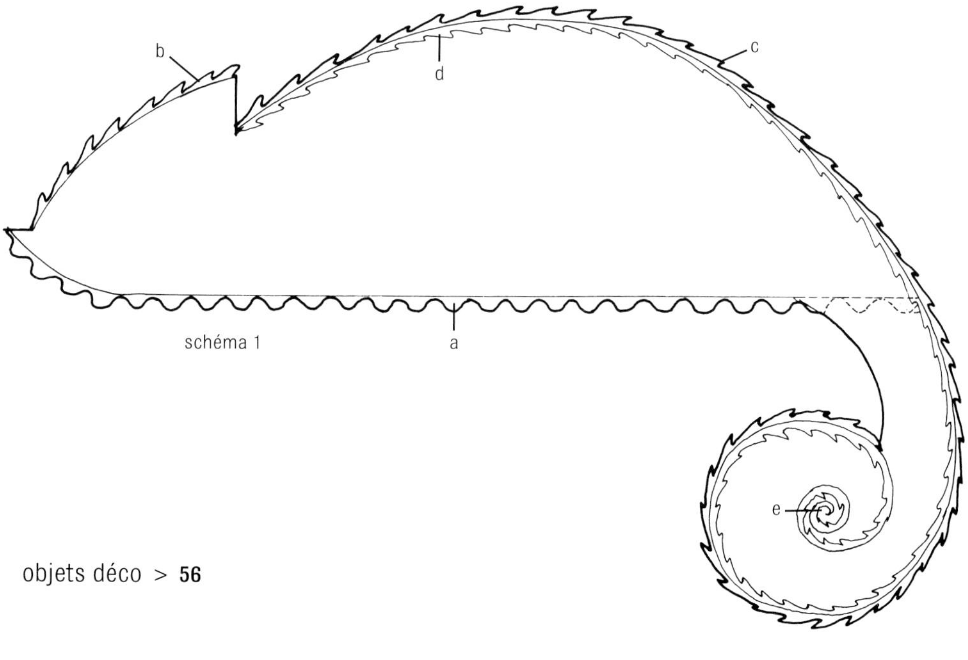

schéma 1

Les pattes et la tête

4

• **Découpez** huit baguettes (0,7 x 10) de carton 0,6 pour les pattes.
• **Collez** les baguettes deux par deux pour former quatre pattes.
• **Coupez** une extrémité de chaque patte à 45° et les quatre autres en Y (C). Retaillez un peu plus court les pattes avant.
• **Pliez** et collez les pattes en décalé de chaque côté du corps.

5

• **Fabriquez** deux cônes de micro kraft et collez-les sur la tête pour les yeux.
• **Découpez**, pliez en accordéon et collez une minibande de micro kraft pour la bouche.
• **Découpez**, enroulez en spirale et collez sur la bouche une fine bande de micro kraft d'une vingtaine de centimètres de long pour la langue.

6

• **Découpez** des bandes de carton souple de 0,7 cm de large. Débitez chaque cannelure et collez-les à plat et de profil sur les côtés du corps pour figurer les écailles.

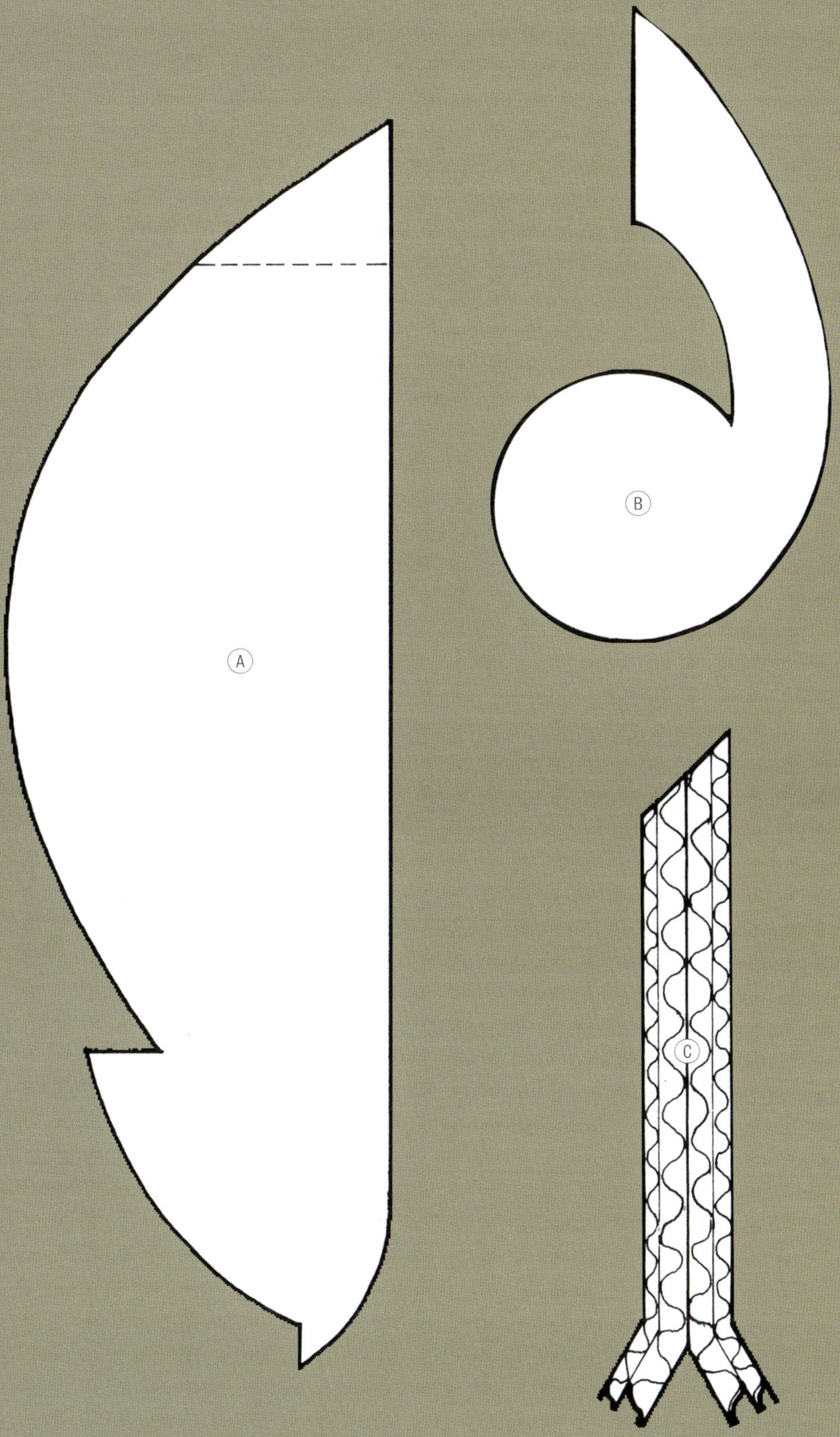
A
B
C

Le dromadaire

Vaisseau du désert : c'est comme ça que les Bédouins l'appellent…

FOURNITURES

- **Carton 0,3 : 50 x 50**
- **Carton 0,6 : 30 x 30**
- **Carton souple : 50 x 50**
- **Micro kraft : 5 x 5**
- **Micro noir : 5 x 5**

Le corps et la tête

1

- **Dessinez** et découpez deux profils de corps de carton 0,3 (A).
- **Découpez** six carrés (10 x 10) de carton 0,6, dont deux échancrés d'un angle droit de la taille d'un quart du carré.

2

- **Dessinez** et découpez deux profils de tête de carton 0,3 (B).
- **Découpez** et collez sur l'un des profils une équerre de carton 0,6 (C). Collez l'autre profil de tête sur l'équerre.

3

- **Collez** deux carrés pleins sur un profil de corps, puis deux carrés échancrés (schéma 1).
- **Collez** la tête dans l'angle vide (schéma 2) puis, par-dessus, les deux carrés pleins restants.
- **Collez** le second profil de corps sur l'ensemble.

4

- **Découpez** et collez tout autour du corps une bande de carton souple large de 4,5 cm.
- **Fermez** les côtés du cou par deux bandes plus fines.
- **Découpez** et collez tout autour de la tête et du cou une bande de carton souple large de 1,5 cm (schéma 3) ; veillez au préalable à aplatir les cannelures du dessus de la tête, à l'aide d'une règle.

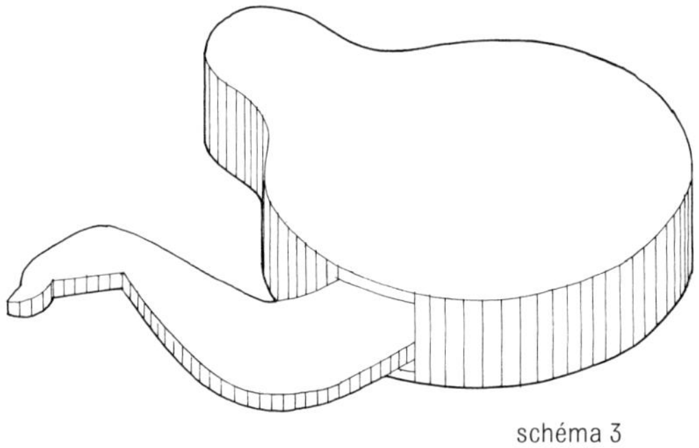

schéma 3

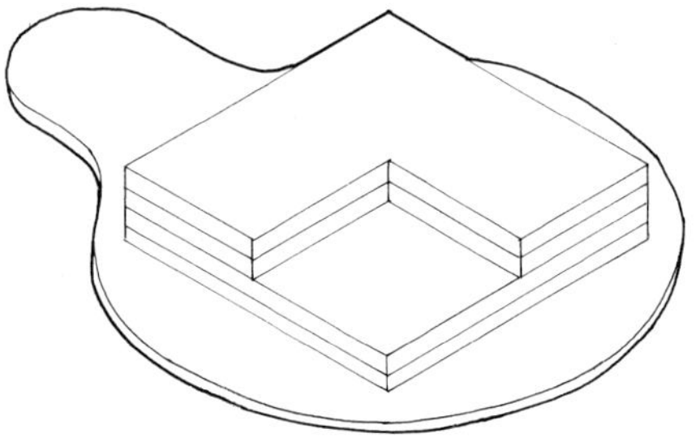

schéma 1

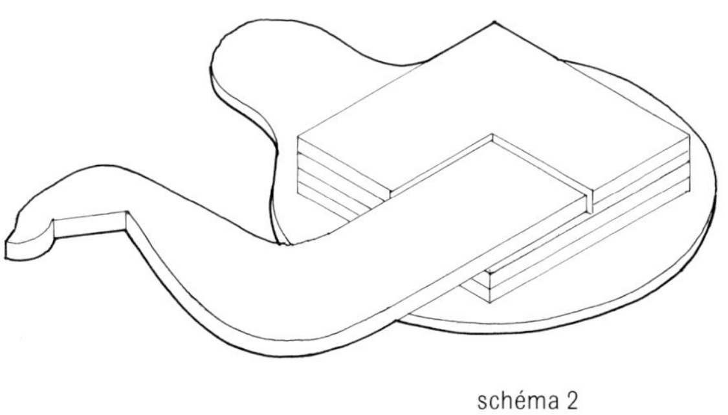

schéma 2

Le dromadaire (suite)

Les pattes, le visage et la queue

5

- **Dessinez** et découpez quatre profils de patte avant en carton 0,3 (D), et quatre profils de patte arrière (E).
- **Découpez** huit baguettes (21 x 1) de carton 0,6. Collez-les deux par deux (F). Collez chaque double baguette entre deux profils de pattes (schéma 4).
- **Découpez** et collez autour de chaque patte une bande de carton souple large de 1,6 cm.

6

- **Dessinez** et découpez dans le carton 0,6 huit profils de sabot (G), ainsi que quatre triangles en suivant les pointillés.
- **Collez** chaque extrémité de patte entre deux profils de sabot, ajoutez un triangle au milieu (schéma 5). Collez les pattes sur le corps en vous assurant de l'aplomb de celui-ci.

7

- **Dessinez** et découpez deux oreilles de micro kraft (H). Glissez-les et collez-les sur les encoches faites dans la tête.

Fabriquez trois confettis de micro noir, collez-en deux pliés pour les yeux, un coupé en deux pour les narines.

Collez une minibande de micro noir pour la bouche.

8

- **Découpez** une baguette (0,7 x 10) de carton 0,6 pour la queue. Effrangez-la sur 3 cm et collez-la à l'arrière du corps.

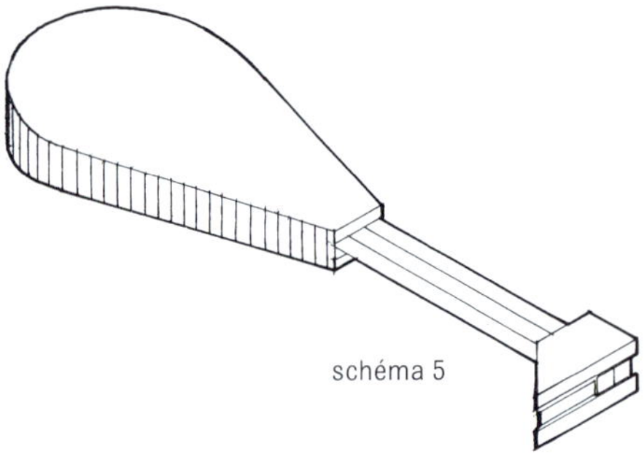

schéma 5

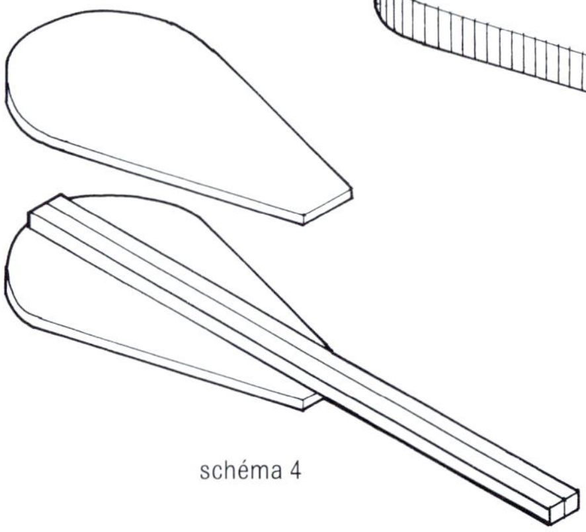

schéma 4

Dromadaire — Gabarits à agrandir x 1,3

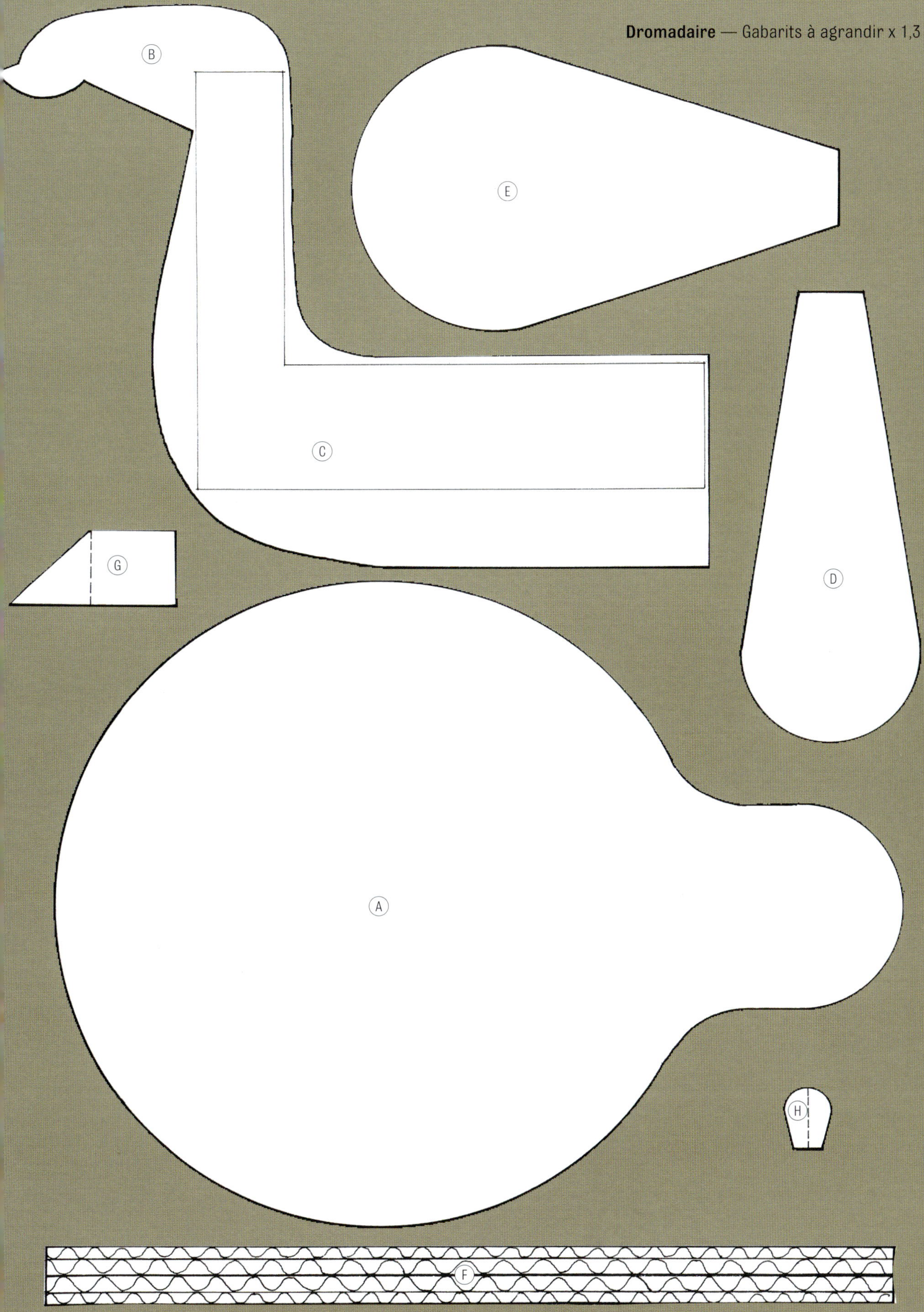

FOURNITURES
- Applique demi-cylindrique
- 1 ampoule 25 W à basse consommation
- 1 feuille de polyphane transparente
- Carton 0,6 : 30 x 30
- Carton souple : 50 x 50
- Micro kraft : 8 x 8
- 2 perles en bois marron (ø 1,5)

Le corps et la tête

1

• **Le corps** : découpez trente-deux baguettes (0,7 x 22) de carton 0,6.
Collez-les deux par deux symétriquement (grosse cannelure contre grosse cannelure), puis sur le pourtour arrondi de l'applique en soignant la perpendicularité des baguettes par rapport au support. Appliquer à l'intérieur de la courbe du corps un morceau de feuille polyphane.

Le hibou

Pour les Indiens d'Amérique, il a le pouvoir de donner aide et protection la nuit...

2

• **Les ailes** : dessinez et découpez deux profils de carton souple (A). Collez-les de chaque côté du corps.

3

• **Les pattes** : découpez six profils de patte de carton 0,6 (B). Collez-les trois par trois (schéma 1), puis en bas du corps.

4

• **Les yeux** : fabriquez deux spirales avec deux bandes (40 x 1,5) de carton souple. Collez les perles au centre des spirales. Collez les yeux en haut du corps.
• **Le bec** : dessinez et découpez le profil en carton 0,6 (C). Recouvrez-le de micro kraft, pliez-le légèrement et collez-le entre les deux yeux.
• **Les aigrettes** : découpez deux rectangles (0,8 x 8) de micro kraft. Coupez-les en deux sur 4 cm, puis encastrez-les et collez-les au-dessus des yeux.

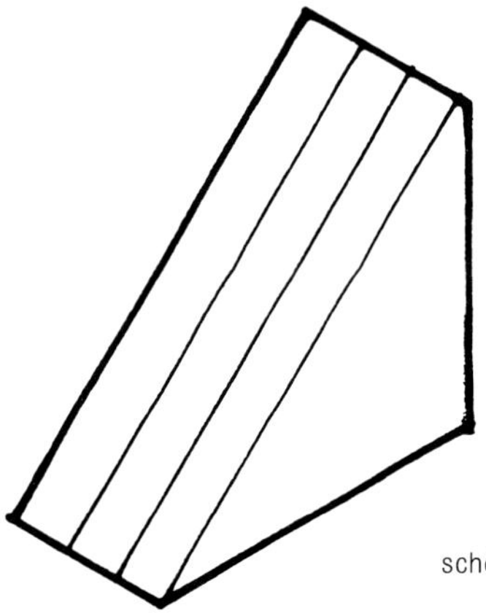

schéma 1

Hibou — Gabarits à agrandir x 2

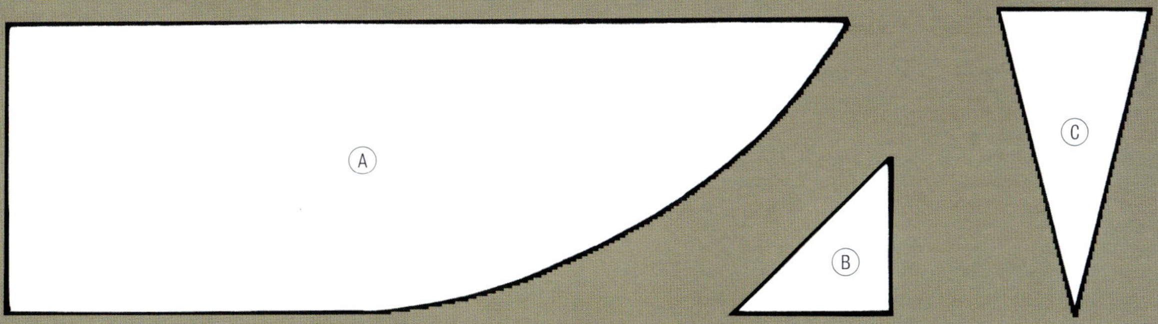

FOURNITURES

- Carton 0,6 : 80 x 80
- Carton souple : 100 x 100
- Micro kraft : 50 x 50
- Micro noir : 50 x 50
- Papier doré : 10 x 10
- 56 miniperles noires
- Élastiques

L'échiquier et les pièces

Le zoo

Un échiquier très décoratif où toutes les pièces sont des animaux.

1

• **La boîte** : découpez le fond carré (30 x 30) et les côtés rectangulaires (10 x 30,7) de carton 0,6. Collez les côtés avec le fond (schéma 1).

2

• **Le damier** : découpez deux carrés (40 x 40 et 30 x 30) de carton 0,6. Collez le petit carré au centre du grand. Tracez le damier sur le grand carré (trame de 5 x 5).

• **Découpez** trente-deux carrés (5 x 5) de carton 0,6. Collez-les en quinconce sur le damier, face lisse à l'extérieur.

• **Découpez** trente-deux baguettes (0,7 x 35) de carton 0,6. Débitez chaque baguette en sept morceaux de 5 cm. Collez sept morceaux de baguette dans chaque case laissée vide (schéma 2).

3

• **Les pièces** : fabriquez trente-deux cylindres avec trente-deux rectangles de 21 cm de long. La largeur diffère selon la pièce :

- deux rois, deux dames (les lions et les lionnes) : quatre cylindres (21 x 6,5) ;
- quatre cavaliers (les chevaux), quatre tours (les hiboux) : huit cylindres (21 x 6) ;
- quatre fous (les singes) : quatre cylindres (21 x 5) ;
- seize pions (les souris) : seize cylindres (21 x 4).

• **Enveloppez** seize pièces de micro kraft et les seize autres de micro noir. Maintenez les assemblages par des élastiques pendant le séchage.

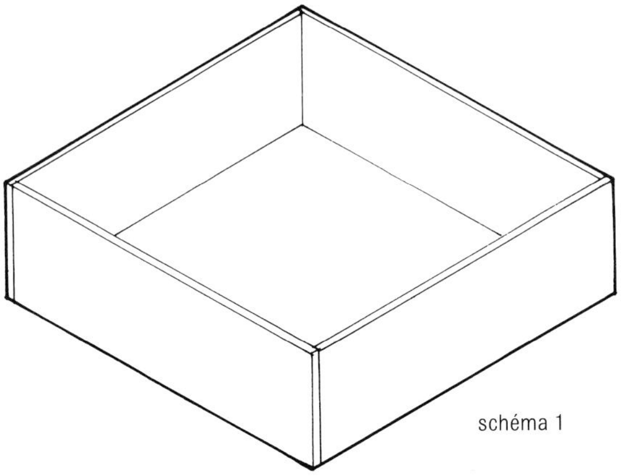

schéma 1

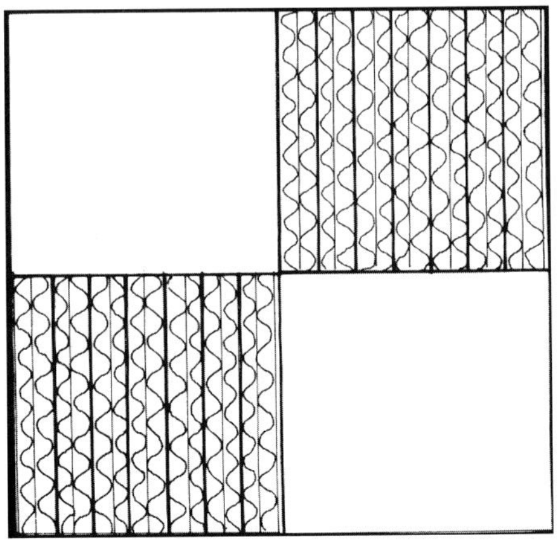

schéma 2

Les pièces (suite)

4

• **Les lions et les lionnes** : découpez quatre bandes (1,5 x 10) de carton souple. Collez-les à la base des quatre cylindres. Enveloppez un couple de bandes de micro kraft, et l'autre de bandes de micro noir. Dessinez, découpez et collez les éléments de décor en micro kraft ou micro noir selon les couples (A, B, C, D, E, F, G pour le lion ; A', B, C, D, E pour la lionne). Incisez les cylindres pour encastrer les oreilles.

5

• **Les singes** : fabriquez quatre cônes avec quatre bandes (23 x 0,7) de carton souple dont les cannelures auront été préalablement aplaties à l'aide d'une règle. Collez les cônes sur les cylindres à l'emplacement du nez (H).
Dessinez, découpez et collez les éléments de décor en micro kraft (I, J, K). Incisez les cylindres pour encastrer les oreilles.

6

• **Les chevaux** : dessinez, découpez et collez sur les cylindres les éléments de décor en micro kraft et micro noir (L, M, N) : la crinière est à plier selon les pointillés, puis à effranger. Le museau est en carton souple.

7

• **Les hiboux** : fabriquez quatre spirales avec quatre bandes (0,5 x 20) de micro kraft (O). Collez-les sur les cylindres. Dessinez, découpez et collez les éléments de décor en micro kraft et micro noir (P, Q). Incisez les cylindres pour encastrer les oreilles.

8

• **Les souris** : fabriquez seize cônes avec huit bandes (0,5 x 20) de micro kraft et huit bandes de micro noir. Collez-les sur les cylindres (R). Dessinez, découpez et collez les éléments de décor en micro kraft et micro noir (S, T, U). La moustache est à effranger et plier.

Zoo — Gabarits à grandeur réelle

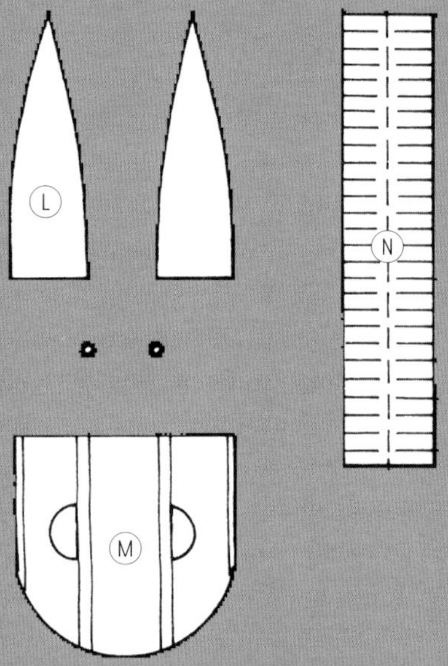

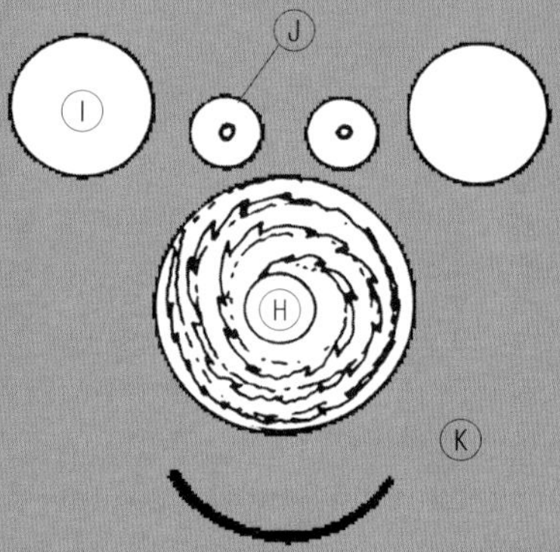

FOURNITURES

- Carton 0,6 : 70 x 70
- Carton souple : 30 x 30
- Carton plume : 40 x 20
- Micro kraft : 30 x 30
- Micro blanc : 30 x 20
- Micro bleu : 20 x 20
- 4 épingles
- Accroche pour cadre

Les papillons

Une boîte de collection façon cabinet de curiosités à l'effet déco garanti !

La boîte

1

- **Découpez** le fond carré (32 x 32) de carton 0,6. Découpez trois côtés rectangulaires : deux fois a (4 x 31,3) et une fois b (4 x 32). Collez-les contre le fond (schéma 1). Fixez l'accroche au milieu du fond.
- **Découpez** un carré (32 x 32) de carton souple. Collez-le sur le fond.

2

- **Découpez** deux carrés (36 x 36), un dans le carton plume et l'autre dans le carton 0,6, évidez les d'un carré (26 x 26) en leur centre pour créer le cadre. Collez-les l'un sur l'autre. Décorez la face blanche du carton plume de quatre baguettes (0,3 x 26) de carton 0,6 collées tout autour de la fenêtre.
- **Collez** à chaque angle une minispirale de micro kraft et garnissez l'épaisseur de la fenêtre de quatre bandes (26 x 1) de micro blanc.
- **Collez** le cadre sur le fond, la partie ouverte de celui-ci dirigée vers le haut pour laisser entrer la lumière.

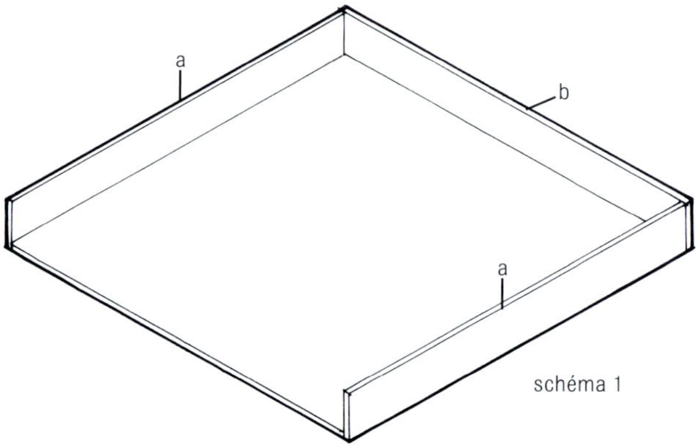

schéma 1

Le papillon brun

3

• **Les ailes** : pliez un rectangle (10 x 15) de micro kraft cannelures contre cannelures. Dessinez une aile sur un côté plié (A) et découpez aux ciseaux d'un même geste les deux côtés. Dépliez les ailes.

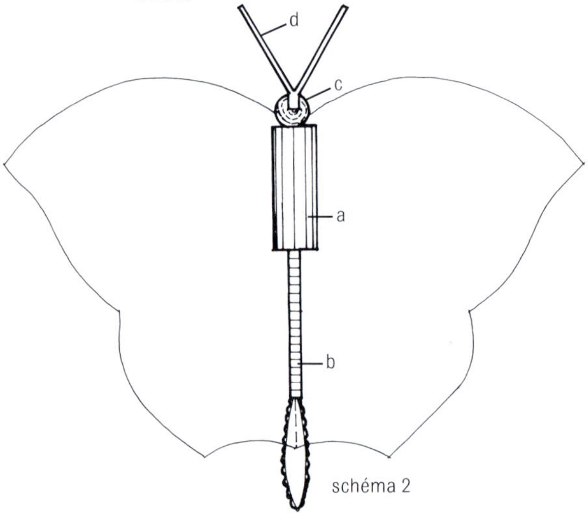

schéma 2

4

• **Fabriquez** les différents éléments qui composent le corps (schéma 2).
a : découpez un rectangle (6 x 3) de micro kraft. Enroulez-le en le collant. Collez-le au centre des ailes.
b : découpez et pliez une bande (13 x 0,3) de micro kraft. Collez-la sous le cylindre et décorez-la d'une bande (0,3 x 4) de micro kraft collée à plat.
c et d : fabriquez et collez une minispirale pour la tête et une bande de micro kraft de 3 cm divisée en deux pour les antennes.

5

• **Reproduisez** les dessins du décor (B) sur les ailes.
Découpez de fines bandes de micro kraft et de micro bleu de 0,2 cm de large.
Préformez les bandes en les écrasant, en les enroulant, en les recourbant, et en les pliant selon les motifs.
Encollez-les puis posez-les délicatement, à l'aide d'une pince à épiler, sur les dessins du décor. Complétez les dessins par des confettis bleus.

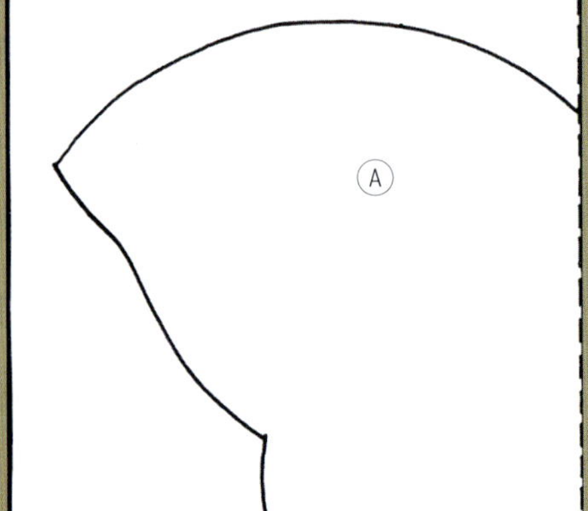

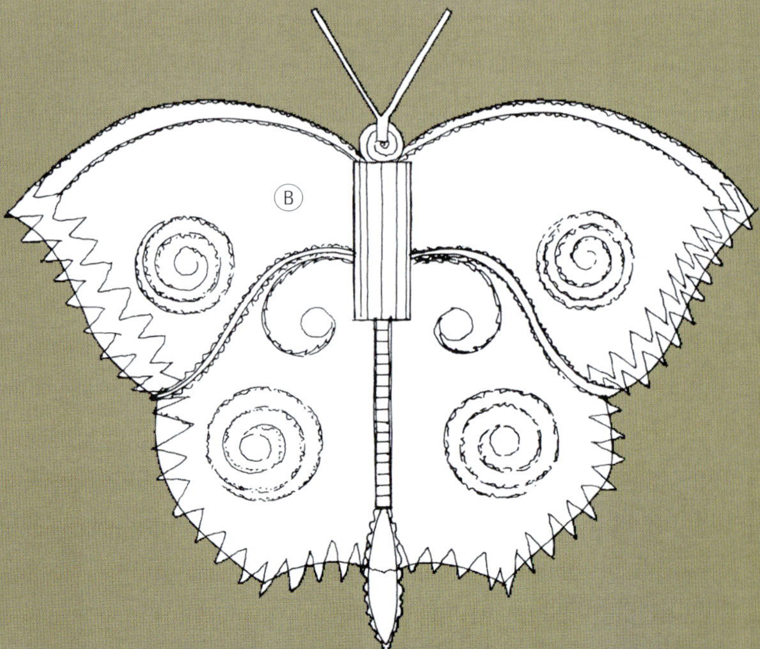

Le papillon bleu

6

• **Les ailes** : pliez un rectangle (15 x 10) de micro bleu cannelures contre cannelures. Dessinez une aile sur un côté plié (C) et découpez en même temps les deux côtés aux ciseaux. Dépliez les ailes.

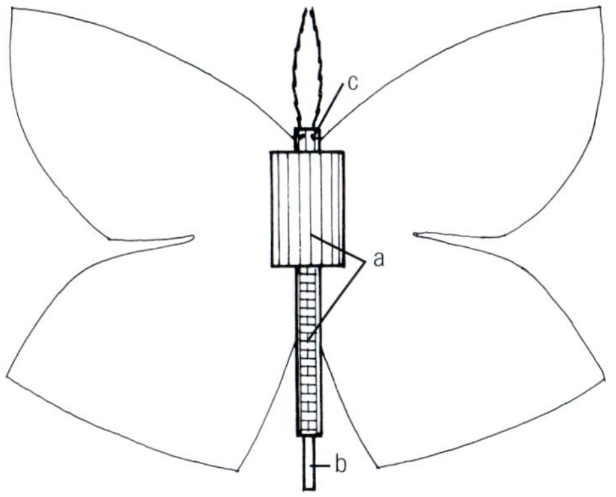

schéma 3

7

• **Fabriquez** les différents éléments qui composent le corps (schéma 3).
a : découpez un rectangle (5,5 x 2) de micro kraft. Enroulez-le en cylindre en le collant. Enroulez autour de ce tube un rectangle (2 x 4) de micro kraft à 0,5 cm d'une extrémité. Collez-le au centre des ailes.
b : décorez le corps de fines bandes bleus, encastrez une minibande au bout de celui-ci.
c : collez deux points bleus pour les yeux et une fine bande pliée pour les antennes.

8

• **Reproduisez** les dessins du décor (D) sur les ailes.
Découpez de fines bandes de micro kraft de 0,2 cm de large. Préformez les bandes en les écrasant, en les enroulant, en les recourbant, en les pliant selon les motifs. Encollez-les puis posez-les délicatement, à l'aide d'une pince à épiler, sur les dessins du décor. Complétez les dessins par des confettis.

Papillons — Gabarits à agrandir x 1,3

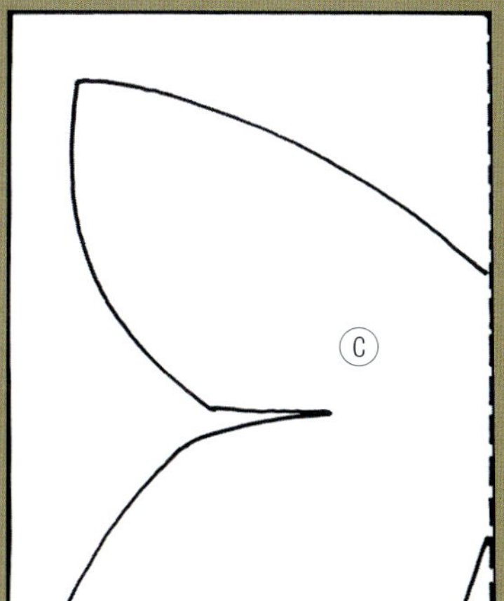

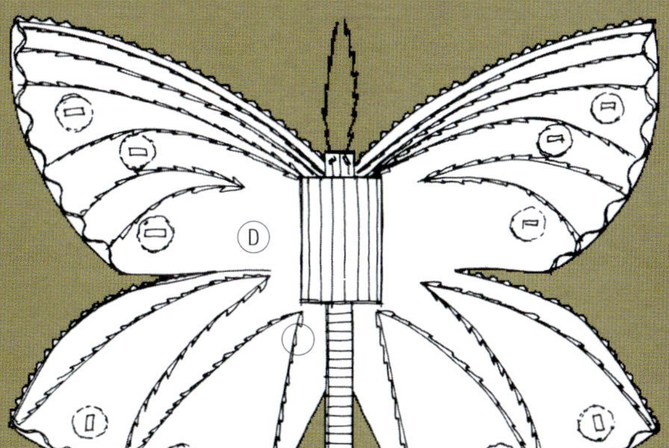

Le papillon blanc

9 • **Dessinez** les ailes : pliez un rectangle (11 x 12) de micro blanc cannelures contre cannelures. Dessinez une aile sur un côté plié (E) et découpez les deux côtés en même temps, dépliez.

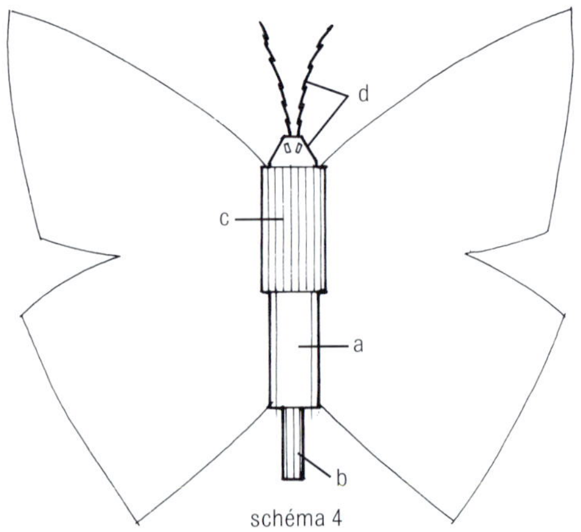

schéma 4

10 • **Fabriquez** les différents éléments qui composent le corps (schéma 4).

a : découpez une cannelure de carton souple de 6 cm. Découpez deux biais pour la tête à une extrémité. Collez la cannelure au centre des ailes.

b : encastrez un morceau de micro kraft dans le creux de la cannelure.

c : découpez et collez un rectangle (2,5 x 1,5) de micro kraft sur la cannelure.

d : collez deux points bleus pour les yeux et une minibande pliée pour les antennes.

11 • **Reproduisez** les dessins du décor (F) sur les ailes.

Découpez et aplatissez de fines bandes de carton souple. Préformez les bandes en les écrasant, en les enroulant, en les recourbant, en les pliant, selon les motifs.

Encollez-les puis posez-les délicatement, à l'aide d'une pince à épiler, sur les dessins du décor. Complétez les dessins par des confettis.

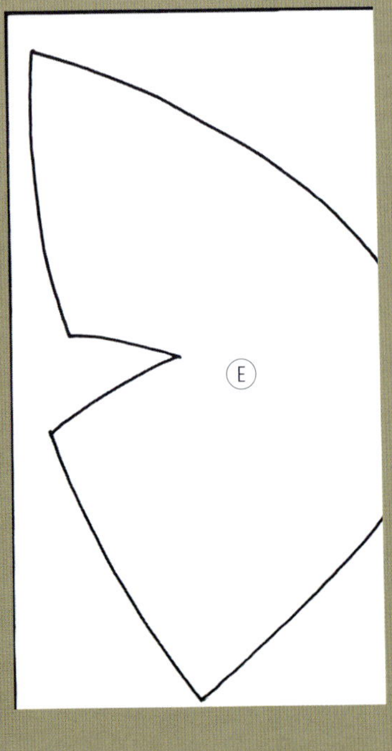

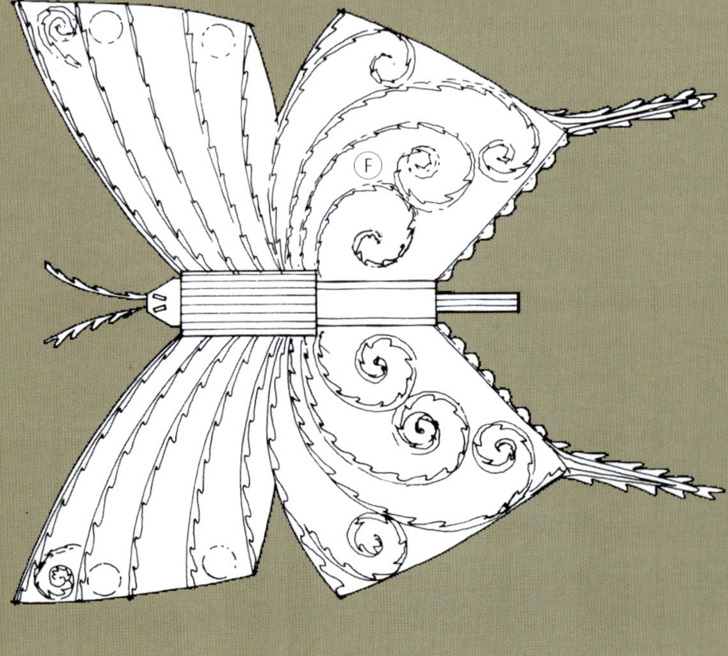

Le grand papillon marron et bleu

12 • **Les ailes** : pliez un rectangle (12 x 14,5) de micro kraft cannelures contre cannelures. Dessinez une aile sur un côté plié (G), découpez les deux côtés en même temps, dépliez.

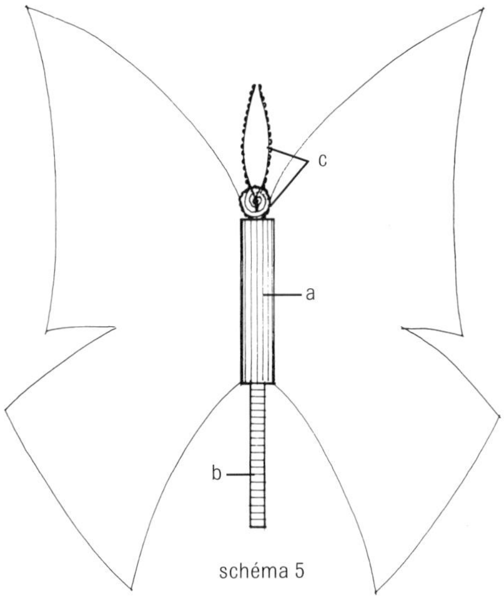

schéma 5

13 • **Fabriquez** les différents éléments qui composent le corps (schéma 5).
a : découpez un rectangle (6 x 4) de micro bleu. Enroulez-le et collez-le au centre des ailes.
b : collez à une extrémité une fine bande de micro bleu pliée en deux.
c : fabriquez et collez une minispirale de micro bleu pour la tête et une minibande pliée pour les antennes.

14 • **Reproduisez** les dessins du décor (H) sur les ailes.
Découpez de fines bandes de micro bleu. Préformez les bandes en les écrasant, les enroulant, les recourbant, les pliant, selon les motifs.
Encollez-les puis posez-les délicatement, à l'aide d'une pince à épiler, sur les dessins du décor.
Complétez les dessins par des confettis.

Papillons— Gabarits à agrandir x 1,3

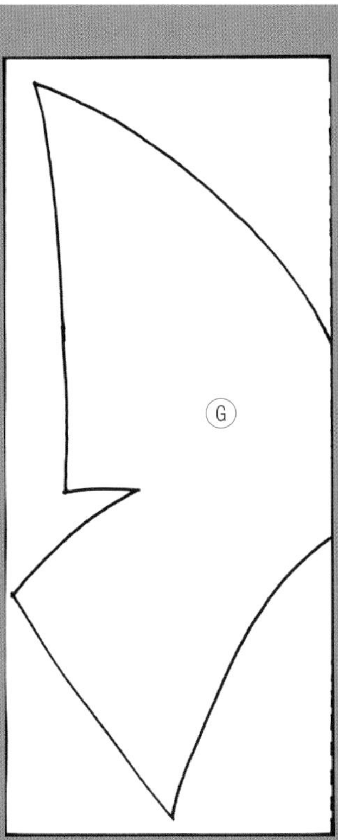

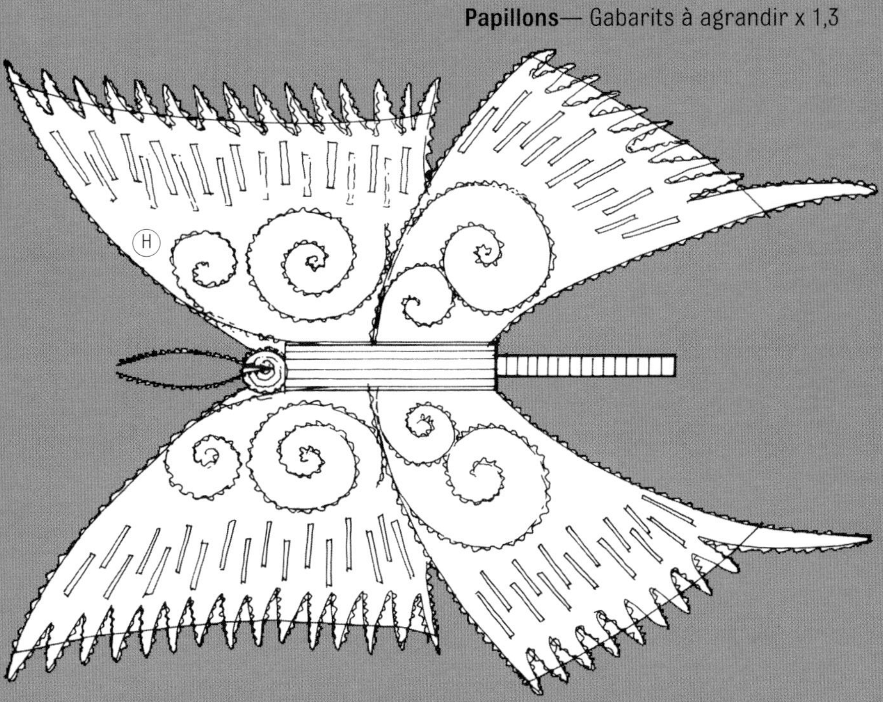

La tête d'élan

Un trophée de chasse qui
ne se prend pas du tout au sérieux !

FOURNITURES

- Carton 0,6 : 100 x 100
- Carton 0,3 : 30 x 30
- Carton 0,1 : 70 x 30
- Carton souple : 40 x 40
- Micro kraft : 20 x 10
- Micro noir : 30 x 30
- 2 perles en bois marron (ø 1,5)
- 2 accroches pour cadre
- 2 épingles

Le support et la tête

1

- **Décalquez** le quart d'un ovale (A) et reproduisez un ovale entier sur du carton 0,6.
- **Découpez** l'ovale et fixez-lui deux accroches pour le suspendre.
- **Recouvrez**-le de micro noir.
- **Découpez** et collez tout autour une bande de carton souple de 1 cm de large.

2

- **Dessinez** et découpez deux profils de tête (B) de carton 0,6. Découpez deux rectangles a (20 x 13) de carton 0,6 et un b (30 x 14,4) de carton 0,3. Collez les deux rectangles a ensemble.
- **Collez** les deux profils avec a (schéma 1).
- **Découpez** trois carrés (14 x 14) de carton 0,6. Collez-les ensemble, puis derrière la tête.
- **Découpez** deux rectangles c (14,4 x 2,5) de carton 0,6. Collez-les ensemble, puis sur la tête.
- **Collez** le rectangle b sur les côtés en biais de la tête (schéma 2).

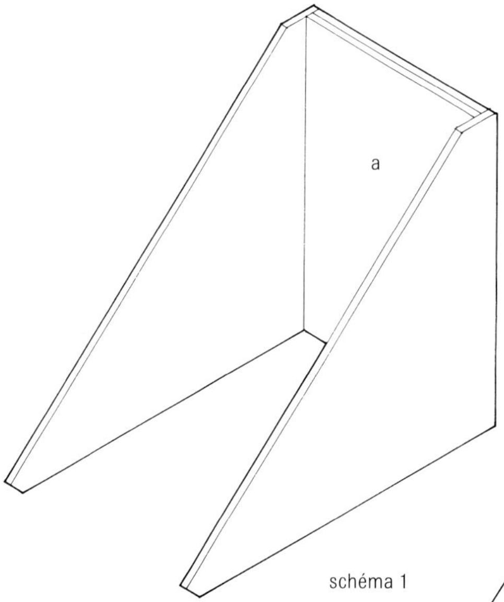

schéma 1

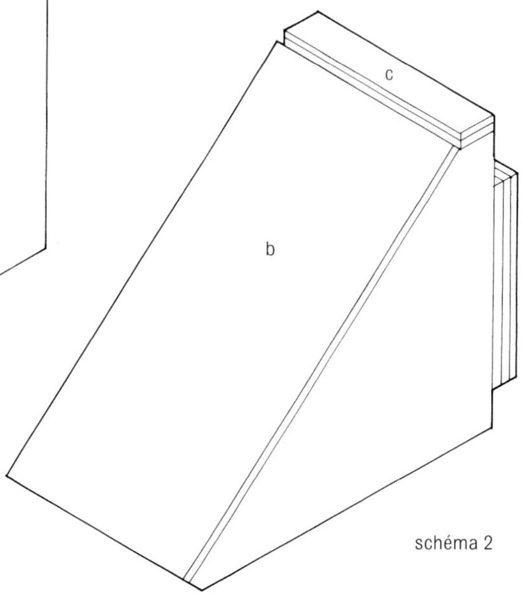

schéma 2

La tête d'élan (suite)

Le visage et les bois

3

• **Dessinez** et découpez un museau (C) de carton 0,6. Recouvrez-le de carton souple. **Dessinez**, découpez et collez les deux narines (D) de micro noir. Collez le museau en bas de la tête et garnissez-en l'arrondi d'une bande de carton souple.

4

• **Découpez** un rectangle (17 x 10) de carton souple pour la barbiche. Effrangez sur 14 cm, pliez en deux, puis collez à l'intérieur sous la tête (schéma 3).

5

• **Dessinez** et découpez deux oreilles (E) de micro kraft. Donnez un léger coup de cutter pour plier sur les pointillés, et collez les oreilles de chaque côté de la tête.

6

• **Fabriquez** deux spirales pour les yeux avec deux bandes (0,7 x 19) de carton souple. Collez les perles au centre des spirales. Collez et épinglez les yeux sur la tête (schéma 4).

7

• **Dessinez** et découpez les bois (F) de carton 0,1. Encochez en haut de la tête en avant des oreilles pour glisser et coller les bois.

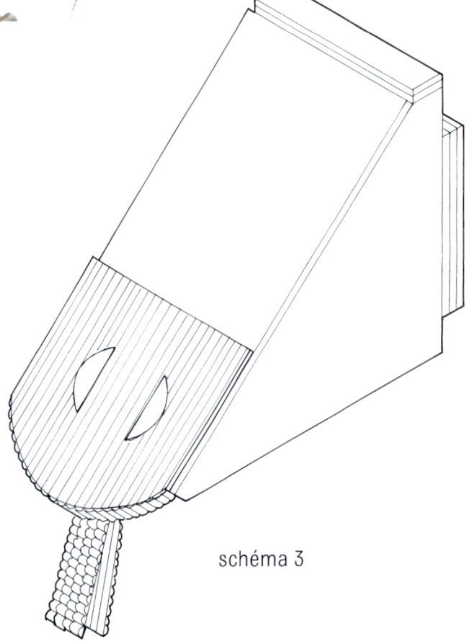

schéma 3

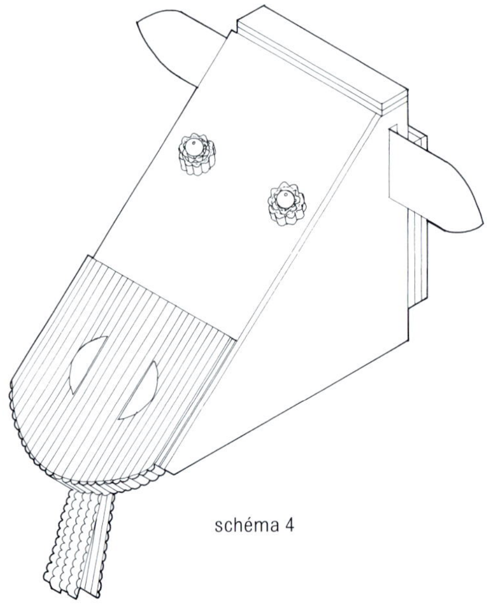

schéma 4

Tête d'élan — Gabarits à grandeur réelle,
sauf A, B, C, F qui sont à agrandir x 3

Le bouledogue

De tempérament calme et peu aboyeur, il est le compagnon idéal !

FOURNITURES

- **Carton 0,6 : 100 x 100**
- **Carton souple : 50 x 50**
- **Micro kraft : 30 x 30**
- **Micro noir : 20 x 20**
- **Micro blanc : 10 x 10**
- **Poinçon**

Le corps et la tête

1

- **Dessinez** et découpez quatre profils de corps (A) de carton 0,6. Collez-les deux par deux.
- **Découpez** deux rectangles (18 x 34) de carton 0,6. Collez-les ensemble.
- **Collez** les deux blocs de profils de part et d'autre du bloc de rectangles (schéma 1).
- **Découpez** un rectangle de carton souple (37 x 37,5). Collez-le sur l'arrondi du corps (schéma 2).

2

- **Dessinez** et découpez la tête dans un rectangle (22 x 12) de carton 0,6. Pliez celui-ci au milieu de sa longueur à angle droit.
- **Dessinez** et découpez deux profils de tête (B) et collez-les avec le rectangle plié (schéma 3).
- **Découpez** un rectangle (12 x 17) de micro kraft et collez-le sur l'arrondi de la tête.

3

- **Dessinez** et découpez deux oreilles (C) de micro noir. Collez-les derrière la tête.
- **Dessinez** et découpez les deux taches (D) de micro noir. Collez-les sur la tête (schéma 4).

4

- **Découpez** deux ronds (ø 2,5) de micro blanc pour les yeux.
- **Fabriquez** deux spirales avec deux bandes (15 x 0,5) de micro noir.
- **Collez** les spirales sur les ronds, puis les yeux sur les taches en les surélevant légèrement.

5

- **Dessinez** et découpez le nez (E sans la pointe) en carton 0,6. Recouvrez-le de micro noir (E en entier).
- **Collez** le nez à la base des taches.

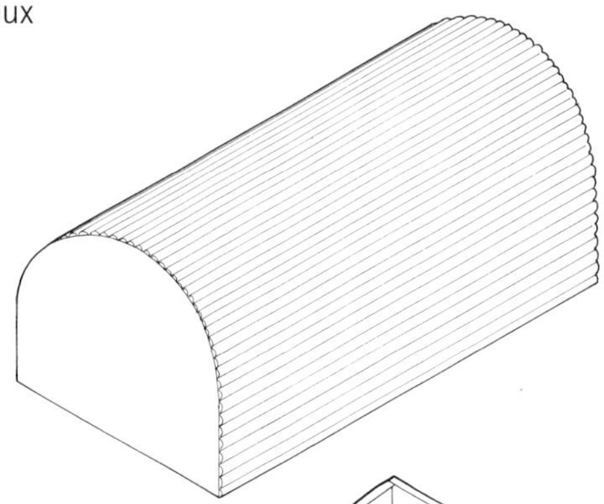

schéma 2

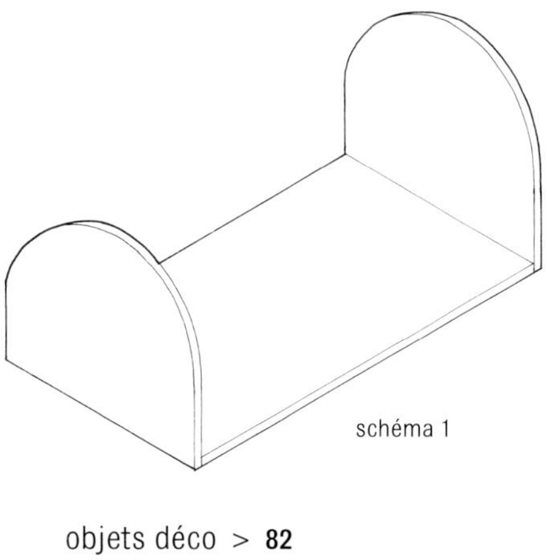

schéma 1

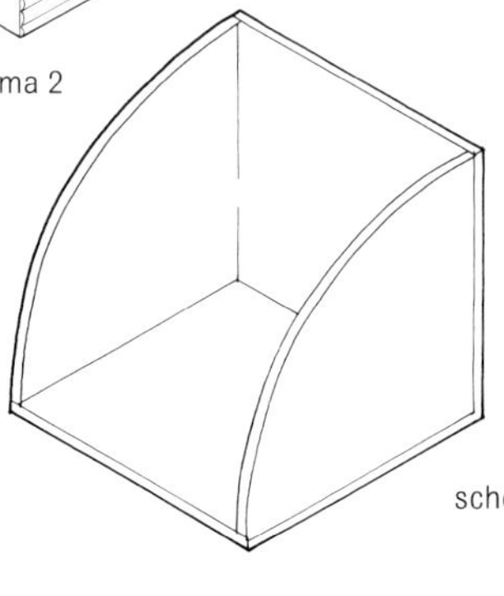

schéma 3

La gueule, les pattes et la queue

6

- **Dessinez** et découpez la gueule (F) en micro kraft. Collez-la à partir du dessous de la tête en recourbant et en collant l'extrémité sous le nez.
- **Découpez** deux triangles (G) de micro blanc pour les dents, puis collez-les dans la bouche.
- **Piquez** chaque côté de la bouche avec le poinçon, pour obtenir quelques trous représentant les moustaches (schéma 5).

7

- **Collez** la tête avec le corps.
- **Le collier** : collez une bande de micro noir de 3 cm de large sur l'arrondi du corps derrière la tête. Dessinez et découpez neuf triangles (H) de carton 0,6 à coller sur le collier.

8

- **La queue** : dessinez et découpez deux triangles (I) de micro noir. Collez-les l'un sur l'autre, puis à l'arrière du corps (schéma 6).

9

- **Dessinez** et découpez huit profils de patte avant (J) et huit profils de patte arrière (K). Collez-les quatre par quatre. Collez les blocs de pattes en avant et en arrière du corps.

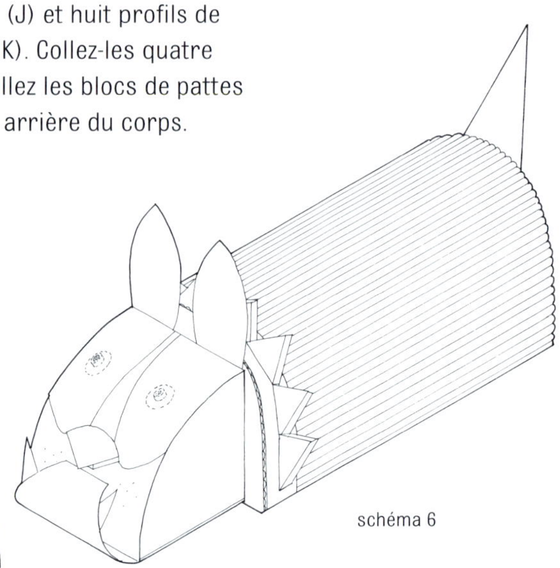

schéma 6

schéma 4

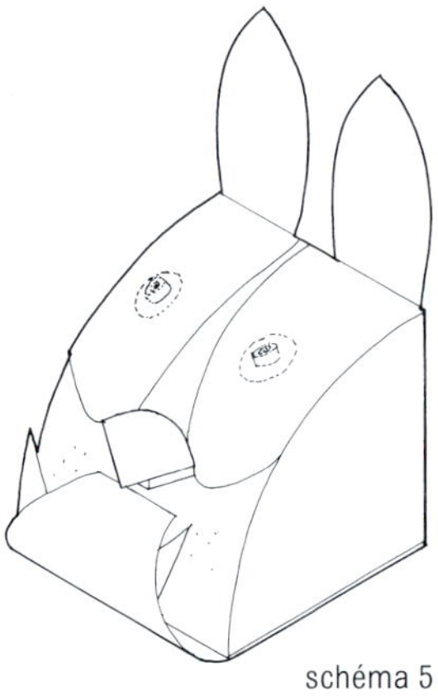

schéma 5

Bouledogue — C, D, E, G, H : grandeur réelle
A, B, F, I, J, K : agrandir x 3

Meubles en carton

La vache

Pas folle celle-ci, bien utile au contraire pour les rangements de bébé !

FOURNITURES

- Carton 0,6 : 90 x 90
- Carton 0,3 : 12 x 12
- Carton souple : 50 x 40
- Micro kraft : 20 x 20
- Micro noir : 30 x 30
- Micro blanc : 5 x 5
- Rouleau d'essuie-tout

Le corps, la tête et les pattes

1

- **Dessinez** et découpez deux profils de corps (A) de carton 0,6.
- **Découpez** des rectangles de carton 0,6 : une fois a (12 x 27) et c (12 x 7), deux fois b (12 x 30,7). Collez les deux b ensemble.
- **Collez** les rectangles sur un profil aux emplacements prévus (schéma 1).
- **Refermez** le volume du corps en collant par-dessus l'autre profil (schéma 2).

2

- **Dessinez** et découpez la base de la tête (B) en carton 0,6.
- **Pliez** les deux côtés de la tête légèrement vers l'intérieur en suivant les pointillés (A), et collez la base entre les deux côtés.
- **Dessinez** et découpez l'arrondi de la tête (C) en micro kraft. Collez l'arrondi sur les courbes de la tête.

3

- **Dessinez** et découpez les six taches de micro noir : a, b (profil droit), c, d (face), e, f (profil gauche). Collez-les sur le corps de la vache.

4

- **Coupez** le rouleau d'essuie-tout en quatre tronçons égaux pour former les pattes. Collez-les à chaque angle sous le corps et garnissez-en une de micro noir.
- **Découpez** quatre rectangles (8 x 33) de carton souple. Enroulez-les en spirale, glissez-les et collez-les à l'intérieur de chaque tronçon de rouleau, de façon à les laisser dépasser.

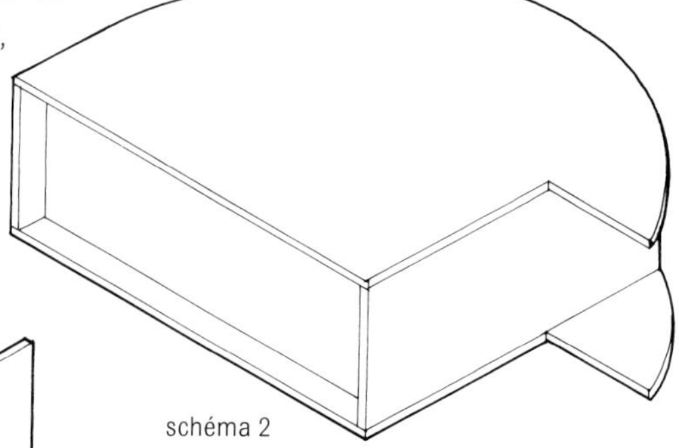

schéma 2

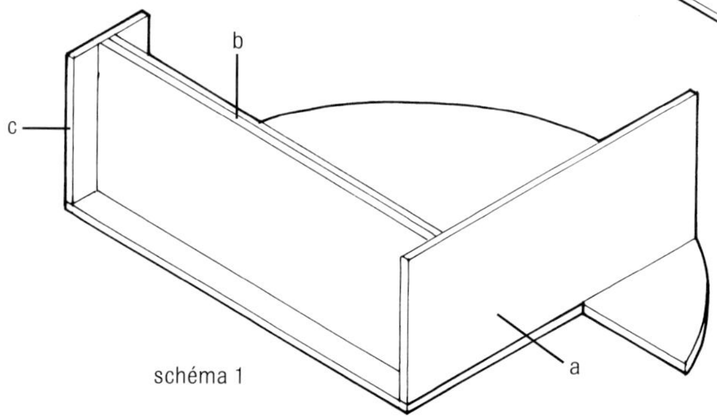

schéma 1

250 ml.
200
150
100
50

Le visage et la queue

5 • **Dessinez** et découpez deux oreilles (D) de carton 0,3. Encastrez-les de chaque côté de la tête.
• **Fabriquez** deux spirales avec deux bandes (40 x 2) de carton souple pour les naseaux. Collez-les en bas de la tête.
• **Découpez** deux yeux ronds (ø 1,5) de micro blanc. Collez un confetti de micro noir au centre de chaque rond. Collez les yeux sur la tête.

6 • **Découpez** pour la queue un trapèze (E) de micro kraft. Pliez-le sur les pointillés.
• **Découpez** un carré (5 x 5) de micro noir, effrangez-le sur 4 cm et collez-le autour de l'extrémité de la queue. Créez deux fentes à l'arrière de la vache pour encocher la queue (schéma 3).

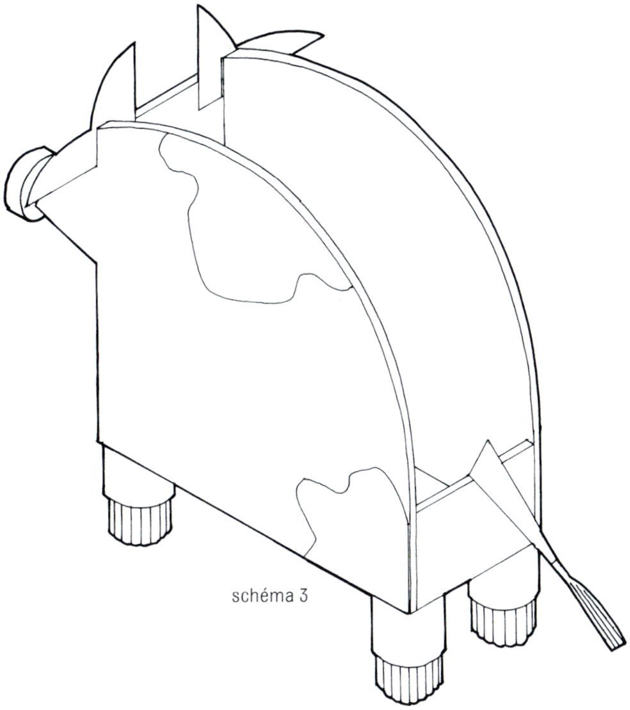

schéma 3

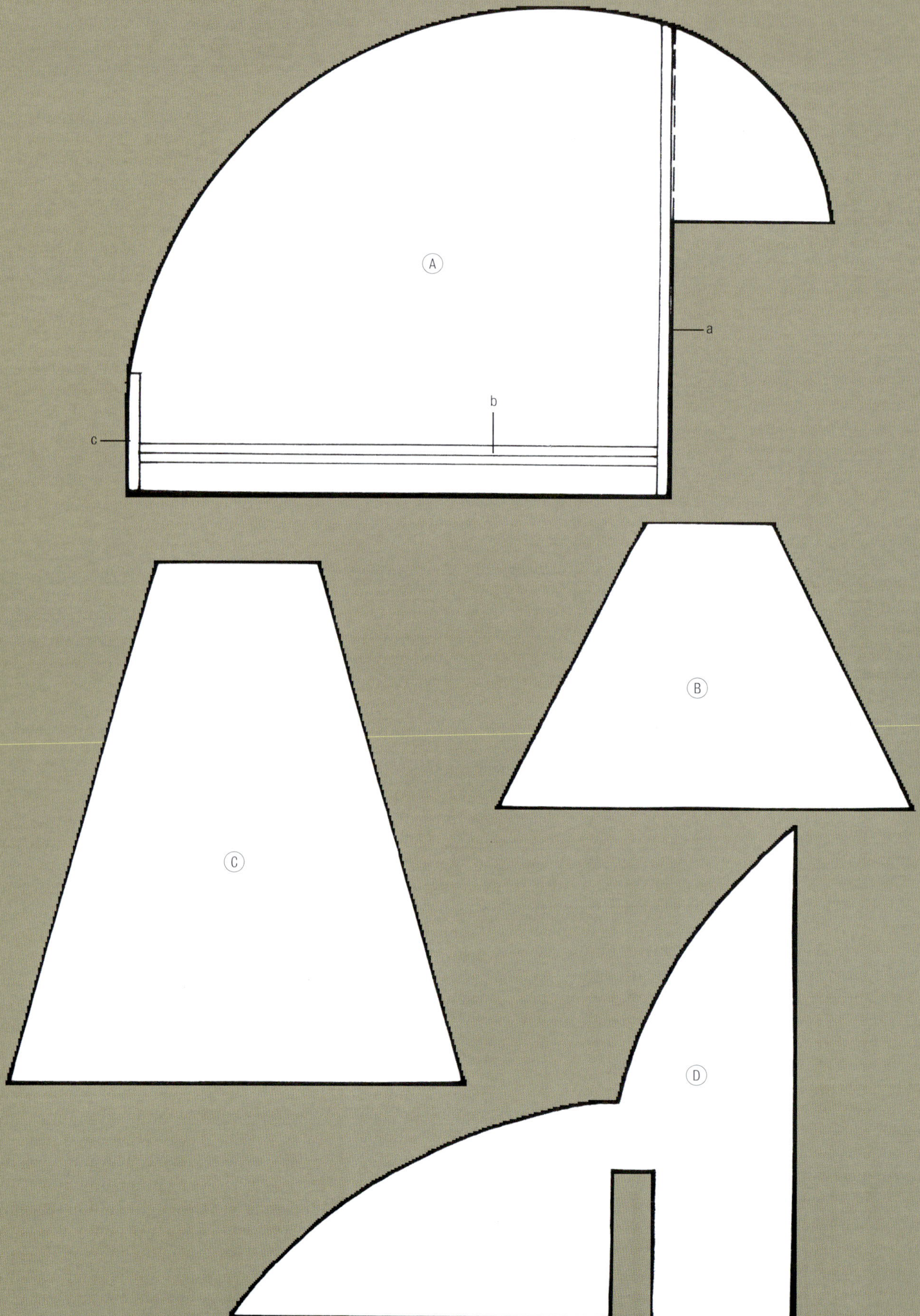
A
a
b
c
B
C
D

Vache — D : grandeur réelle
A, a, b, c, d, e, f : agrandir x 3,3
B, C, E : agrandir x 1,5

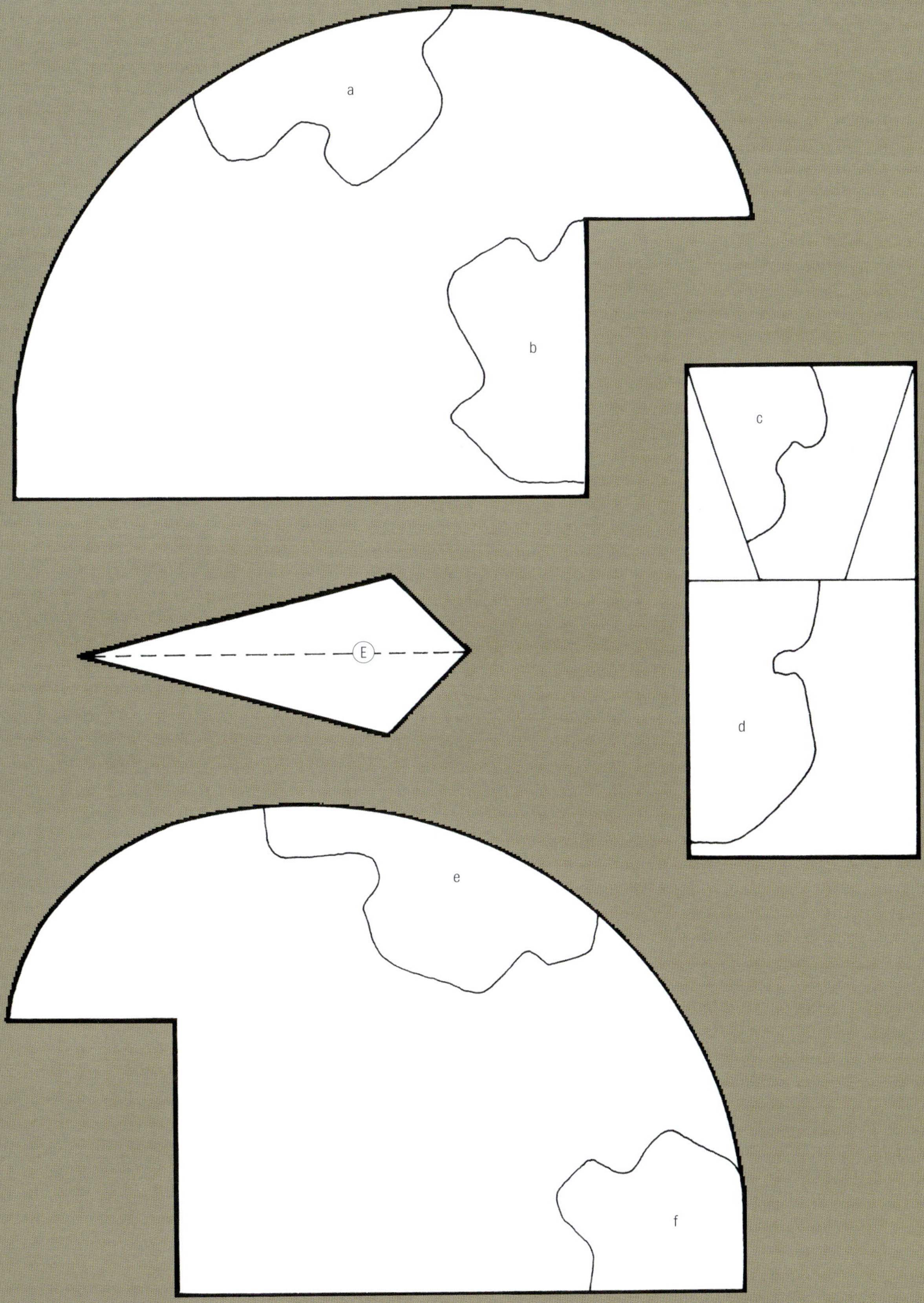

Le kangourou

Non seulement il éclaire, mais sa poche marsupiale abrite le doudou...

FOURNITURES

- Carton 0,6 : 120 x 120
- Carton souple : 30 x 30
- Micro kraft : 12 x 12
- Micro noir : 5 x 5
- 2 perles en bois marron (ø 1,5)
- Rafia
- 2 épingles à tête noire
- Pied de lampe
- Poinçon

Le corps et la tête

1

• **Dessinez** et découpez deux profils de corps (A) de carton 0,6.
• **Découpez** deux rectangles a (24 x 13), un b (13 x 22,5), un c (13 x 11,5). Collez les rectangles sur l'un des profils aux emplacements indiqués en A (schéma 1).
• **Fermez** le volume du corps en collant par-dessus l'autre profil.

2

• **Dessinez** et découpez la base de la tête (B) en carton 0,6. Pliez les côtés de la tête légèrement vers l'intérieur et collez la base entre les deux côtés pliés.
• **Dessinez** et découpez l'arrondi de la tête (C) en carton souple. Collez-le sur les courbes de la tête.

3

• **Dessinez** et découpez deux oreilles (D) de micro kraft. Encastrez-les et collez-les dans des fentes en haut de la tête.
• **Épinglez** et collez les deux perles pour les yeux.
• **Dessinez** et découpez le nez (E) de carton 0,6. Recouvrez-le de micro noir. Collez-le sur la tête.
• **Coupez** huit morceaux de rafia de 8 cm pour les moustaches. À l'aide du poinçon, faites quatre trous de chaque côté du nez, enfilez et collez le rafia dans les trous.

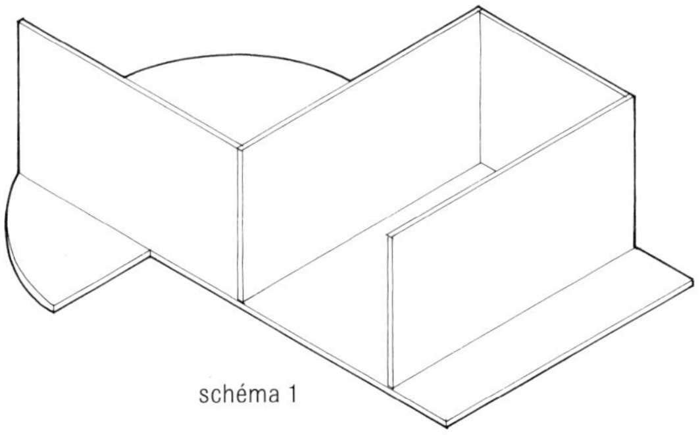
schéma 1

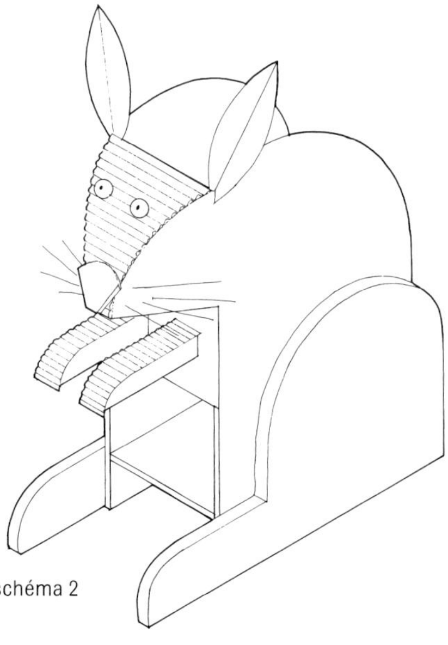
schéma 2

Le kangourou (suite)

Les pattes, la queue et la poche-tiroir

4

• **Dessinez** et découpez six profils de patte arrière (F). Collez-les trois par trois, puis de chaque côté du corps en les laissant déborder de 2 cm à l'arrière.
• **Dessinez** et découpez quatre profils de patte avant (G). Collez-les deux par deux, recouvrez le dessus de chacune d'une bande de carton souple de 3,5 cm de large.
• **Recouvrez** la face avant du corps de micro kraft et collez les pattes avant à 3,5 cm sous la tête (schéma 2).

5

• **Découpez** deux triangles (H) et deux rectangles (17 x 5) de carton 0,6 pour la queue. Collez les rectangles entre les triangles sur les côtés de l'angle droit.
• **Recouvrez** le côté oblique de micro kraft (schéma 3).
• **Collez** la queue à l'arrière du kangourou.

6

• **Dessinez** et découpez deux côtés (I) de carton 0,6 pour la poche-tiroir. Découpez ensuite dans le carton 0,6 deux rectangles a (11 x 12) et un rectangle b (21 x 12).
• **Collez** les profils avec les rectangles. Collez un rectangle de carton souple sur les courbes du tiroir (schéma 4).
• **Découpez** une bande (1 x 12) de carton 0,6, collez-la au début de la courbe entre les côtés. Glissez le tiroir dans le creux du corps du kangourou.

7

• **Placez** le pied de lampe à l'intérieur du kangourou.

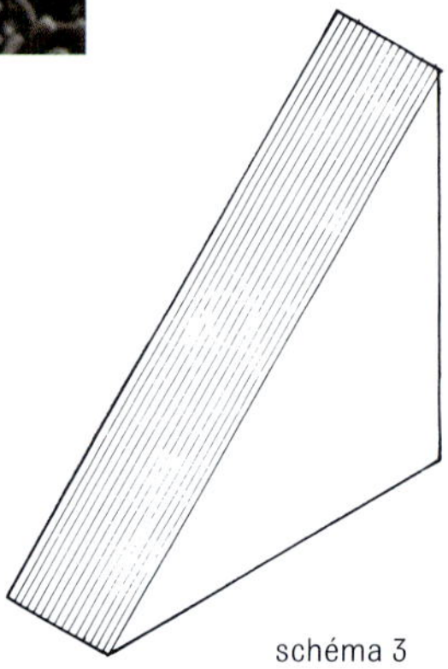

schéma 3

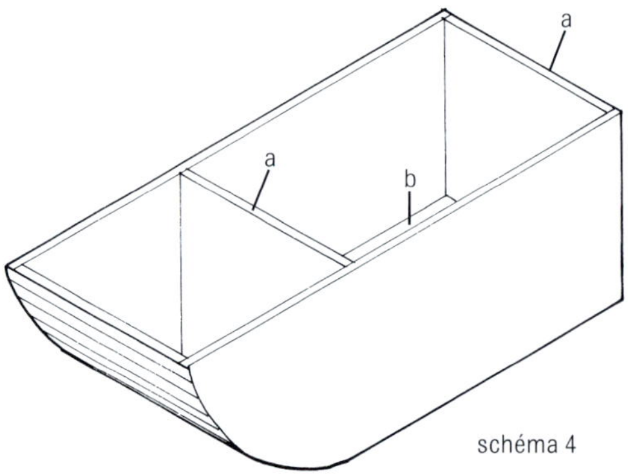

schéma 4

Kangourou — Gabarits à agrandir x 3,5

Le pingouin

Plutôt manchot... Incapable de s'envoler, il sera parfait en table de nuit !

FOURNITURES

- Carton 0,6 : 200 x 200
- Carton souple : 100 x 100
- Micro noir : 100 x 100
- Micro kraft : 8 x 16
- Micro blanc : 8 x 15
- Épingles
- Peinture noire
- Pinceau

Le meuble et le tiroir

1

- **Découpez** deux rectangles de carton 0,6 pour le fond (60 x 36). Collez-les ensemble.
- **Découpez** six formes arrondies (A) de carton 0,6. Collez-en quatre deux par deux pour obtenir les deux tablettes, le socle et le plateau de la table de nuit.
- **Découpez** deux rectangles a (13 x 19), quatre bandes b (30 x 4) à coller deux par deux, deux rectangles c (30 x 15) à coller ensemble, dix bandes d (13 x 4) à coller deux par deux.
- **Assemblez** et collez les tablettes avec les bandes et le fond (schéma 1). Espacez les rectangles a de 17 cm (pointillés sur A). Épinglez l'assemblage pendant la durée du séchage.

2

- **Dessinez** et découpez les deux côtés (B) de carton souple.
- **Peignez**-les en noir et épinglez-les pendant le séchage.
- **Collez** les côtés une fois secs de part et d'autre du meuble (schéma 2).
- **Garnissez** le plateau de micro noir.

3

- **Dessinez** et découpez la base du tiroir (C) en carton 0,6.
- **Découpez** trois rectangles (12 x 17) et collez-les sur les côtés droits de la base (schéma 3).
- **Découpez** un rectangle (18 x 15) de carton souple, évidez-le au centre d'un petit rectangle (6 x 2,8).
- **Peignez**-le en noir, puis une fois sec, collez-le sur l'arrondi du tiroir en le laissant déborder en dessous de 0,8 cm (schéma 4).

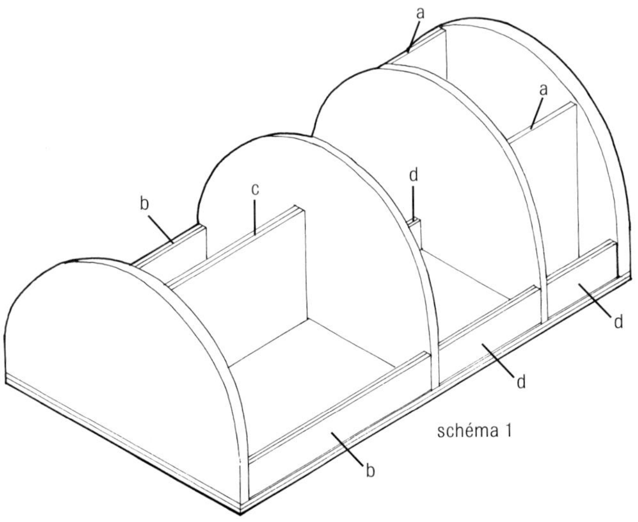

schéma 1

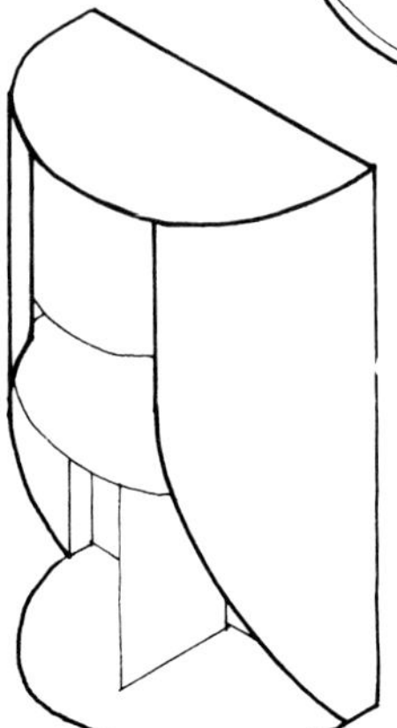

schéma 2

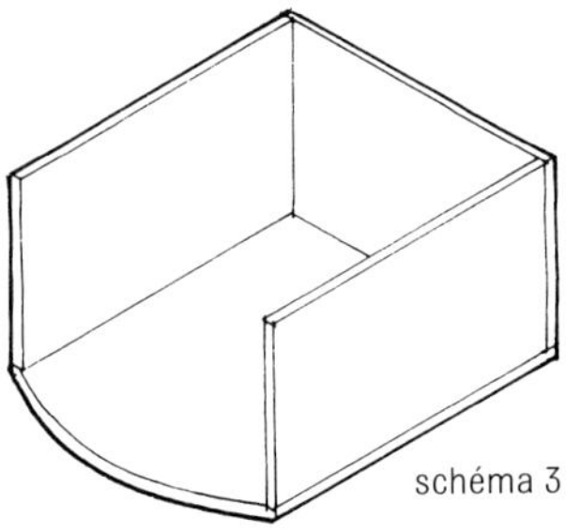

schéma 3

Le bec, les yeux, les ailes et les pattes

4

• **Découpez** et collez quatre triangles (D) de carton 0,6 pour le bec. Encastrez le bec dans le vide du tiroir. Maintenez-le à l'intérieur du tiroir avec un carré collé (8 x 8) de micro kraft.

5

• **Découpez** deux ronds (ø 3) de micro kraft et deux ronds (ø 2,5) de micro blanc pour les yeux, collez-les deux par deux puis ensemble.
• **Fabriquez** deux minispirales de micro noir, collez-les sur les yeux, puis collez ces derniers sur le tiroir.

6

• **Dessinez** et découpez deux ailes (E) de micro noir. Pliez-les selon les pointillés et collez-les sur les côtés du meuble.

7

• **Les pattes** : découpez huit rectangles (11 x 9) de carton 0,6. Collez-les en deux blocs de quatre. Coupez chaque bloc en biais sur 3 cm (schéma 5).

8

• **Fabriquez** un bloc de quatre rectangles (30 x 5). Collez le bloc et les pattes sous la table (schéma 6).

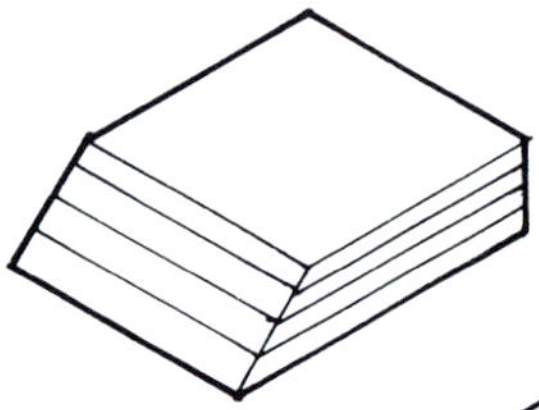

schéma 5

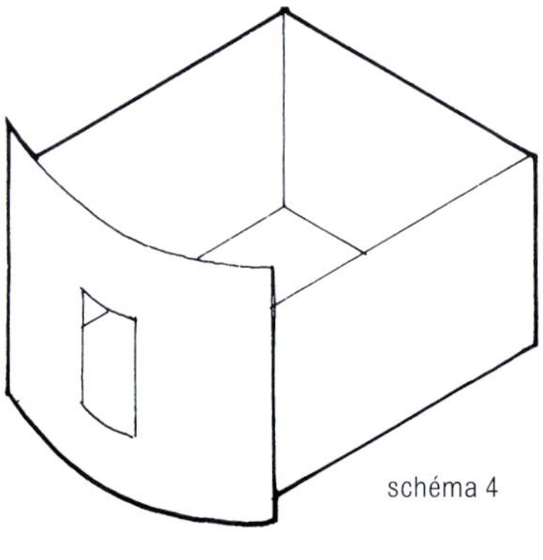

schéma 4

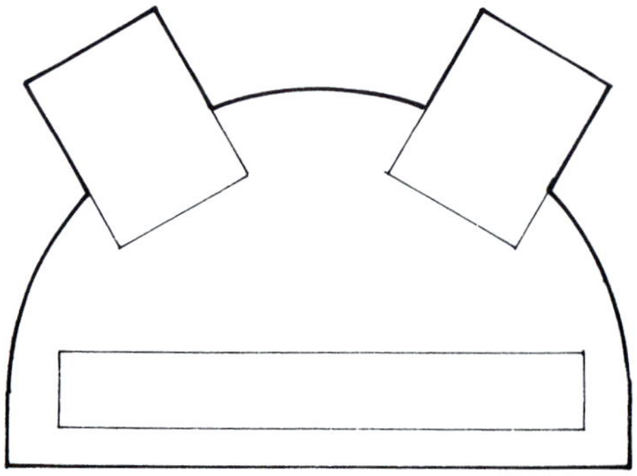

schéma 6

Pingouin — Gabarits à agrandir x 5,
sauf D qui est à grandeur réelle

Le lion

Adepte des siestes diurnes,
il est réputé « roi des paresseux ».

FOURNITURES

Pour un berceau de poupée

- Carton 0,6 : 200 x 200
- Carton souple : 50 x 50
- Micro noir : 20 x 20
- Papier jaune : 5 x 5

Pour un bébé de 0 à 2 mois
la longueur du berceau sera agrandie de 30 cm

Le berceau et la tête

1

- **Dessinez** et découpez quatre côtés (A). Collez-les deux par deux. Tout le lion est réalisé en carton 0,6.
- **Découpez** deux rectangles pour le fond (27 x 50), collez-les ensemble puis avec les côtés (schéma 1).
- **Découpez** deux rectangles a (23 x 53), collez-les sur les grands côtés du berceau. Doublez de deux rectangles b (23 x 50) l'intérieur de ces grands côtés (schéma 2).
- **Renforcez** le fond d'un troisième rectangle (26 x 50).

2

- **Dessinez** et découpez la tête du berceau (B) en carton 0,6.
- **Dessinez** un rond (ø 7) au centre de chaque oreille. Donnez un léger coup de cutter sur le contour des ronds pour enlever la couche de kraft. Arrachez doucement cette couche de kraft.

3

- **Le nez** : dessinez et découpez-le dans le carton 0,6 (C). Recouvrez-le de micro noir et collez-le légèrement surélevé sur la tête.
- **La bouche** : dessinez et découpez-la en micro noir (D). Pliez l'arête en pointillés pour donner un peu de volume et collez-la sous le nez. Collez les dents (E) sous l'arête du nez.

4

- **Les yeux** : fabriquez deux spirales avec des bandes (26 x 0,7) de carton souple. Découpez deux ronds jaunes (ø 1,5) et deux ronds noirs (ø 0,7), collez-les sur les yeux. Collez les yeux sur la tête.

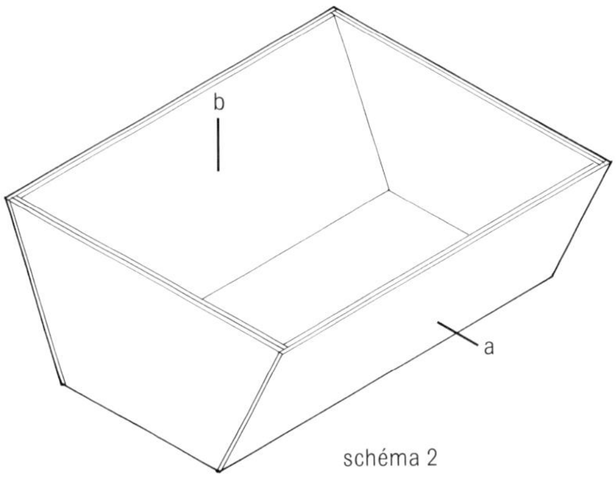

schéma 2

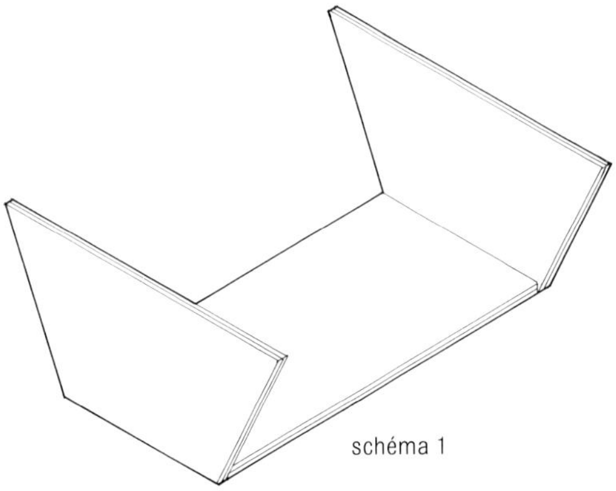
schéma 1

La crinière et les pattes

5

• **Découpez** un rectangle (19 x 64) de carton souple pour la crinière.
• **Découpez** dans le creux de chaque cannelure sur 17 cm. Collez la crinière derrière la tête en suivant la courbe de celle-ci.

6

• **Collez** la tête derrière (ou devant) un petit côté du berceau (schéma 3).

7

• **Dessinez** et découpez dans le carton 0,6 quatre profils de patte avant (F) et quatre profils de patte arrière (G).
• **Découpez** dix profils triangulaires par patte avant et arrière (pointillés des profils). Collez-les dix par dix entre chaque profil de patte (schéma 4).
• **Recouvrez** chaque partie arrondie des pattes d'un rectangle de carton souple (schéma 5).

8

• **Collez** les quatre pattes sur les côtés du berceau.

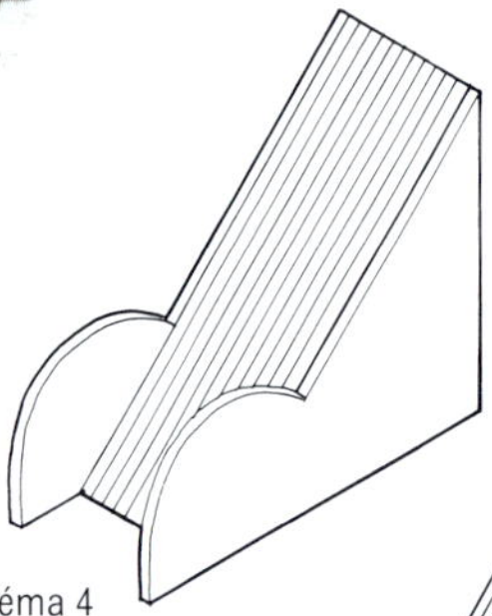

schéma 4

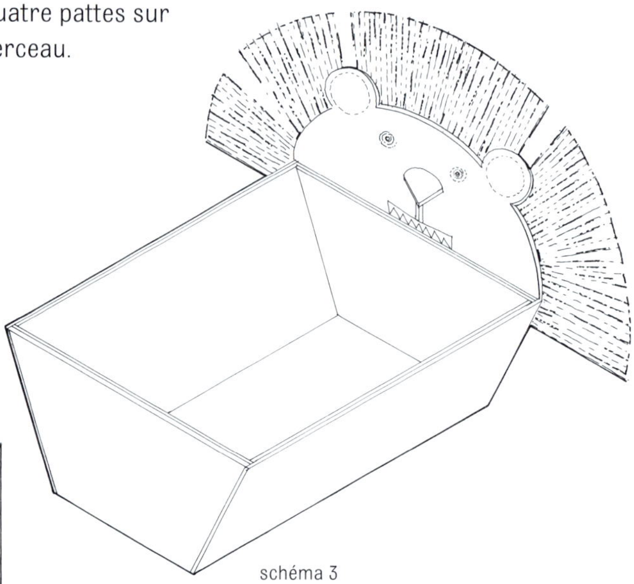

schéma 3

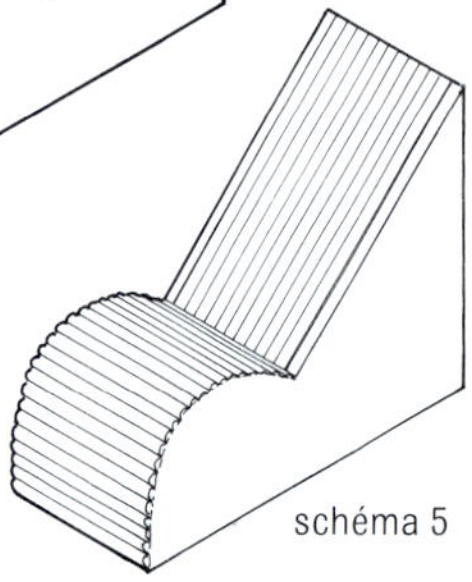

schéma 5

Lion — Gabarits à agrandir x 4,6
sauf C, D, E qui sont à grandeur réelle

FOURNITURES

- Carton 0,6 : 200 x 200
- Carton souple : 50 x 10
- Micro noir : 50 x 50
- Micro blanc : 40 x 10
- Micro kraft : 10 x 10

Le chat noir

Une étagère aussi utile que décorative qui trouvera sa place dans la maison.

L'étagère

1

• **Confectionnez** deux blocs carrés comme suit :
a : découpez quatre carrés (31 x 31) de carton 0,6 et collez-les deux par deux ;
b : découpez huit rectangles avec encoches (A), collez-les deux par deux, encastrez-les (schéma 1) et collez-les sur les carrés a (schéma 2) ;
c : découpez six rectangles (31 x 16,4), collez-en quatre deux par deux, puis collez un simple rectangle et un double rectangle sur chaque carré a (schéma 3) ;
d : découpez huit rectangles (33,1 x 16,4), collez-les deux par deux, puis avec les carrés a (schéma 4).

2

• **Collez** les deux blocs l'un sur l'autre, faces simples l'une sur l'autre.
• **Garnissez**, à l'exception des deux du haut, le fond de six casiers de micro blanc ou noir.
• **Recouvrez** la plate-forme de l'étagère du haut de micro noir.

3

• **Les tiroirs** : fabriquez deux boîtes de carton 0,6 inférieures de quelques millimètres aux dimensions d'un casier. Ces boîtes doivent être ouvertes sur le dessus (schéma 5).

4

• **Recouvrez** les faces apparentes de micro blanc.
• **Fabriquez** les poignées avec deux spirales faites de deux bandes (50 x 2) de carton souple. Collez-les sur chaque tiroir.

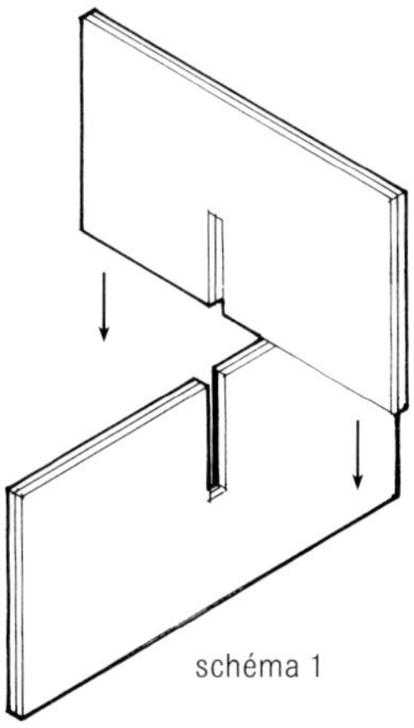
schéma 1

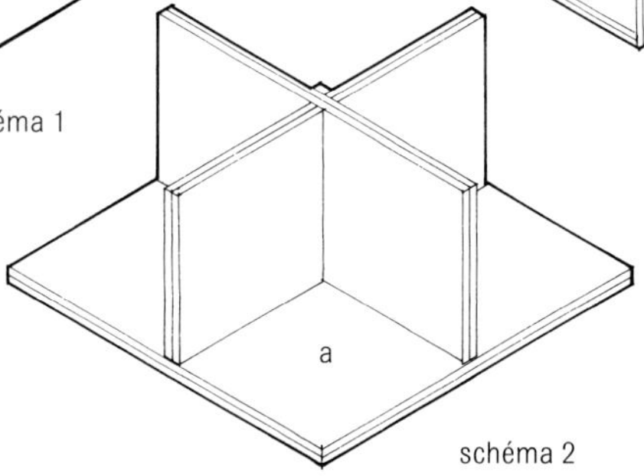

schéma 2

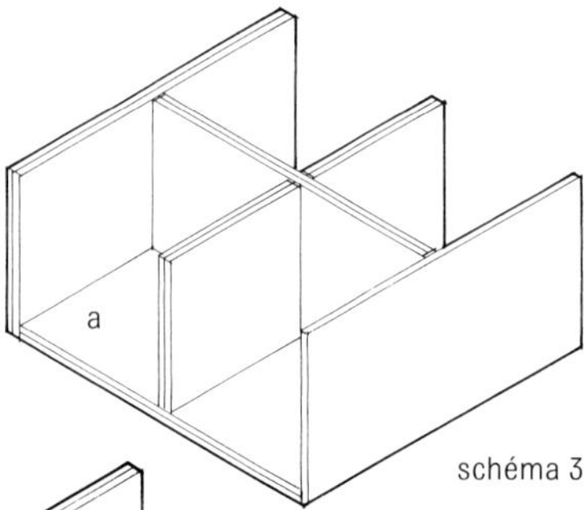

schéma 3

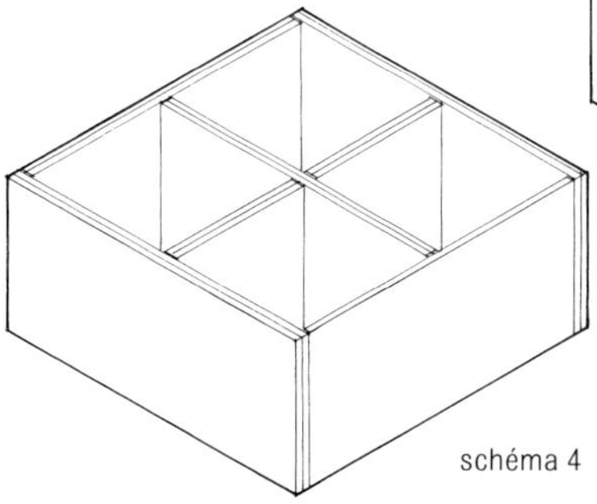
schéma 4

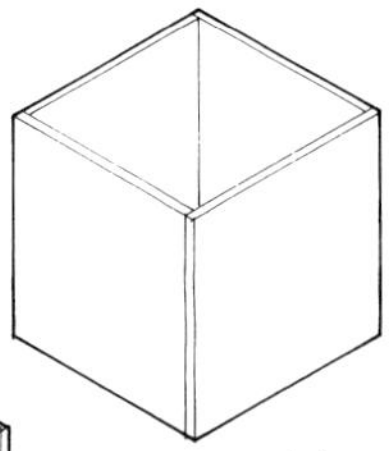
schéma 5

La tête et les pattes

5

• **Dessinez** et découpez quatre silhouettes de tête (B) de carton 0,6, dont deux sans oreilles.
• **Collez** ensemble les quatre silhouettes (schéma 6).
• **Recouvrez** la tête et les oreilles de micro noir.

6

• **Le nez** : dessinez et découpez-le dans du carton 0,6 (C). Recouvrez-le de carton souple.
• **La bouche** : découpez trois rectangles (5 x 1,2) de micro kraft. Pliez-les au milieu et collez-les après les avoir placés en T renversé sous le nez.
• **Les moustaches** : découpez douze bandes (0,7 x 13) de carton souple. Collez-les deux par deux, puis collez-les sous le nez en les recourbant.
• **Les yeux** : découpez deux ronds (ø 3,5) de micro kraft et deux ronds (ø 2,8) de micro blanc. Collez-les les uns sur les autres. Fabriquez deux minispirales de micro noir à coller sur les yeux.

7

• **Collez** les yeux sur la tête en les surélevant légèrement à l'aide d'un petit carré de carton 0,6.
• **Collez** la tête au bout du dessus de l'étagère.

8

• **Les pattes** : dessinez et découpez seize profils (D) en carton 0,6. Collez-les quatre par quatre (schéma 7).
• **Recouvrez** une face de chaque patte de micro noir. Collez les pattes à chaque angle sous les étagères.

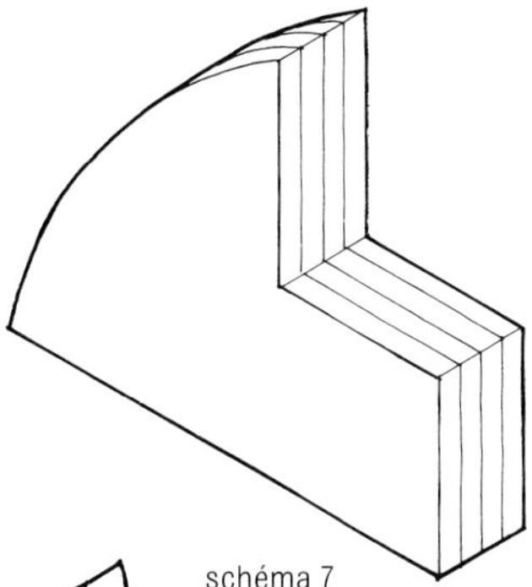

schéma 7

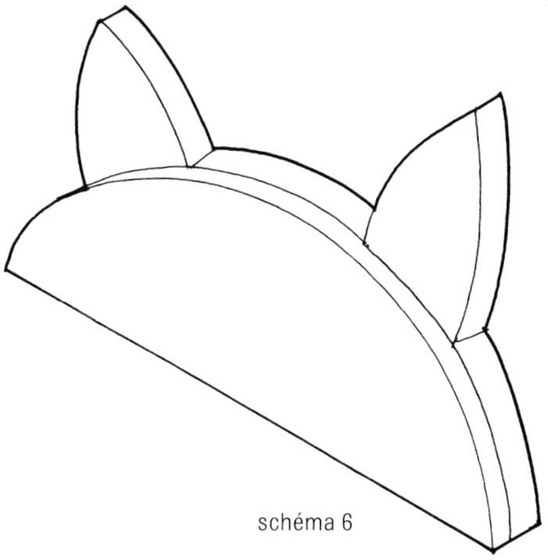

schéma 6

Chat — A : agrandir x 3,6
B, C, D : agrandir x 2

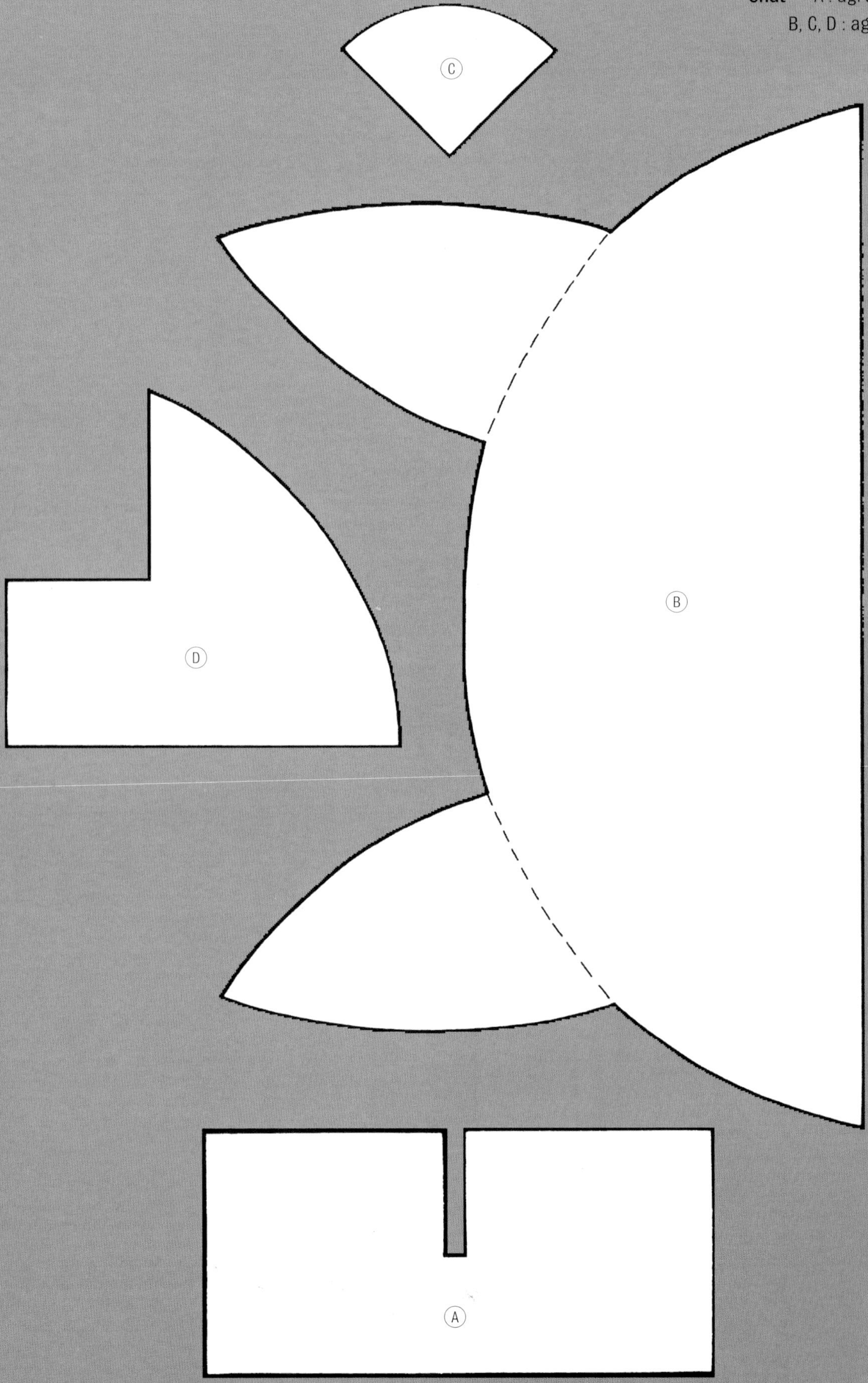

Le site internet de l'auteur : **www.boutiqueclaudejeantet.com**

Dépôt légal : février 2009
ISBN : 978-2-295-00215-0

Direction et coordination éditoriale : Colette Hanicotte
avec la collaboration de Sophie Blanc et Maëva Chardin
Photographie et stylisme : Fabrice Besse/Sonia Roy
Relecture : Chantal Pages assistée de Madeleine Biaujeaud
Conception graphique : François Junot
Mise en pages : Either Studio
Couverture : Véronique Laporte
Fabrication : Anne Raynaud

N° de projet : 11007622 - 302393/01
Achevé d'imprimer en France par Clerc s.a.s. en janvier 2009